Illisibilité partielle

VALABLE POUR TOUT OU PARTIE DU DOCUMENT REPRODUIT

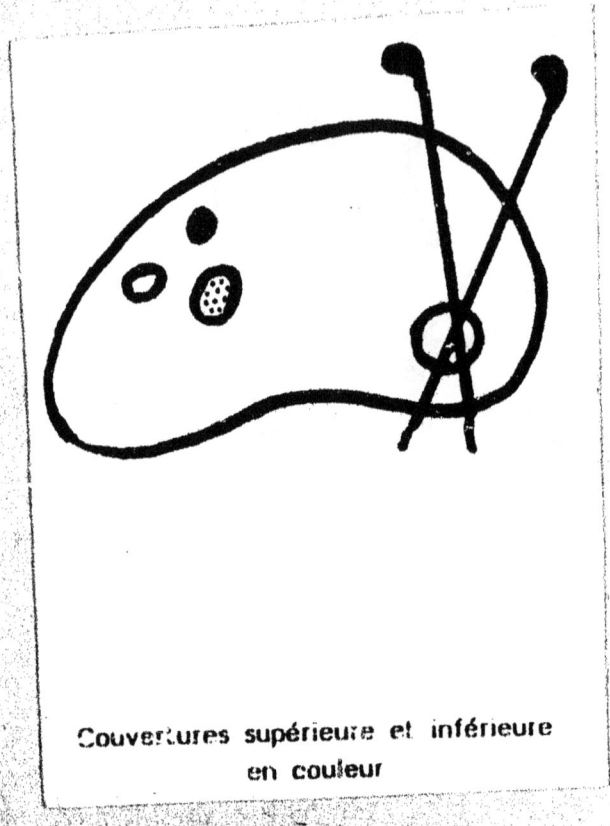
Couvertures supérieure et inférieure en couleur

COUVERTURES SUPERIEURE ET INFERIEURE D'IMPRIMEUR

982

COLLECTION MICHEL LÉVY

ŒUVRES COMPLÈTES

D'ALEXANDRE DUMAS

EMMA LYONNA

III.

ŒUVRES COMPLÈTES D'ALEXANDRE DUMAS
PUBLIÉES DANS LA COLLECTION MICHEL LÉVY

Acté	1
Amaury	1
Ange Pitou	2
Ascanio	2
Une Aventure d'amour	1
Aventures de John Davys	2
Les Baleiniers	1
Le Bâtard de Mauléon	3
Black	1
Les Blancs et les Bleus	3
La Bouillie de la comtesse Berthe	1
La Boule de neige	1
Bric-à-Brac	2
Un Cadet de famille	3
Le Capitaine Pamphile	1
Le Capitaine Paul	1
Le Capitaine Rhino	1
Le Capitaine Richard	1
Catherine Blum	1
Causeries	2
Cécile	1
Charles le Téméraire	2
Le Chasseur de sauvagine	1
Le Château d'Eppstein	2
Le Chev. d Harmental	2
Le Chevalier de Maison-Rouge	2
Le Collier de la reine	3
La Colombe	1
Les Compagnons de Jéhu	3
Le Comte de Monte-Cristo	6
La Comtesse de Charny	6
La Comtesse de Salisbury	2
Les Confessions de la marquise	2
Conscience l'innocent	2
Création et rédemption:	
— Le Docteur mystérieux	2
— La Fille du marquis	2
La Dame de Monsoreau	3
La Dame de Volupté	2
Les Deux Diane	3
Les Deux Reines	1
Dieu dispose	2
Les Drames galants — La Marquise d'Escoman	2
Le Drame de Quatre-Vingt-Treize	3
Les Drames de la mer	1
Emma Lyonna	5
La Femme au collier de velours	1
Fernande	1
Une Fille du régent	1
Filles, Lorettes et Courtisanes	1
Le Fils du forçat	1
Los Frères corses	1
Gabriel Lambert	1
Les Garibaldiens	1
Gaule et France	1
Georges	1
Gil Blas en Californie	1
Les Grands Hommes en robe de chambre:	
— César	2
— Henri IV, Richelieu, Louis XIII	2
La Guerre des femmes	2
Histoire d'un casse-noisette	1
L'Homme aux Contes	1
Les Hommes de fer	1
L'Horoscope	1
L'Ile de feu	1
Impressions de voyage :	
— Une année à Florence	1
— L'Arabie Heureuse	3
— Les bords du Rhin	1
— Le Capitaine Arena	1
— Le Caucase	2
— Le Corricolo	2
— Le Midi de la France	1
— De Paris à Cadix	2
— Quinze jours au Sinaï	2
— En Russie	4
— En Suisse	3
— Le Speronare	2
— La Villa Palmieri	1
— Le Véloce	2
Ingénue	2
Isabel de Bavière	2
Italiens et Flamands	2
Ivanhoe de Walter Scott (trad)	2
Jacques Ortis	1
Jacquot sans Oreilles	1
Jane	1
Johane la Pucelle	1
Louis XIV et son Siècle	4
Louis XV et sa Cour	2
Louis XVI et la Révolution	2
Les Louves de Machecoul	3
Madame de Chambley	2
La Maison de glace	2
Le Maître d'armes	1
Les Mariages du père Olifus	1
Les Médicis	1
Mes Mémoires	10
Mémoires de Garibaldi	2
Mémoires d'une aveugle	2
Mém. d'un médecin: J. Balsamo	5
Le Meneur de loups	1
Les Mille et un Fantômes	1
Les Mohicans de Paris	4
Les Morts vont vite	2
Napoléon	1
Une Nuit à Florence	1
Olympe de Clèves	3
Le Page du duc de Savoie	1
Parisiens et Provinciaux	2
Le Pasteur d'Ashbourn	2
Pauline et Pascal Bruno	1
Un Pays inconnu	1
Le Père Gigogne	2
Le Père la Ruine	1
Le Prince des Voleurs	2
La Princesse de Monaco	2
La Princesse Flora	1
Les Quarante-Cinq	3
La Régence	1
La Reine Margot	2
Robin Hood le proscrit	2
La Route de Varennes	1
Le Salteador	1
Salvator (suite et fin des Mohicans de Paris)	5
La San-Felice	4
Souvenirs d'Antony	1
Les Stuarts	1
Sultanetta	1
Sylvandire	1
La Terreur prussienne	2
Le Testament de M. Chauvelin	1
Théâtre Complet	25
Trois Maîtres	1
Les Trois Mousquetaires	2
Le Trou de l'Enfer	1
La Tulipe noire	1
Le Vte de Bragelonne	6
La Vie au désert	1
Une Vie d'artiste	1
Vingt ans après	3

Poissy. — Typ. S. Lejay et Cie.

EMMA LYONNA

PAR

ALEXANDRE DUMAS

III

PARIS
CALMANN LÉVY, ÉDITEUR
ANCIENNE MAISON MICHEL LÉVY FRÈRES
RUE AUBER, 3, ET BOULEVARD DES ITALIENS, 15
A LA LIBRAIRIE NOUVELLE
—
1876
Droits de reproduction et de traduction réservés

EMMA LYONNA

XLIII

AIGLE ET VAUTOUR

Ce qui rendait Championnet si rebelle à l'endroit du citoyen Faypoult et de la mission dont il était chargé de la part du Directoire, c'est qu'au moment où il avait pris le commandement de l'armée de Rome, il avait vu le misérable état où était réduite la vieille capitale du monde, exténuée par les contributions et les avances de tout genre. Il avait alors recherché les causes de cette misère, et il avait reconnu qu'il fallait l'attribuer aux agents directoriaux qui, sous différents noms, s'étaient établis dans la ville éternelle, et qui, au milieu d'un luxe insolent, laissaient le reste de cette belle armée sans pain, sans habits, sans souliers, sans solde.

Championnet avait aussitôt écrit au Directoire :

« Citoyens directeurs,

» Les ressources de la république romaine sont déjà épuisées : des fripons ont tout englouti. Ils veillent avec des yeux avides pour s'emparer du peu qui reste. Ces sangsues de la patrie se cachent sous toutes les formes ; mais, sans crainte d'être désavoué par vous, je ne souffrirai pas que ces spoliateurs impunis envahissent les ressources de l'armée. Je ferai disparaître ces horribles harpies qui dévorent le sol conquis par nos sacrifices. »

Puis il avait rassemblé ses troupes, et leur avait dit :

— Braves camarades, vous ressentez de grands besoins, je le sais. Attendez quelques jours encore, et le règne des dilapidateurs sera fini ; les vainqueurs de l'Europe ne seront plus exposés à ce triste abaissement de la misère qui humilie des fronts que la gloire environne.

Ou Championnet était bien imprudent, ou il connaissait bien mal les hommes auxquels il s'adressait. Poursuivre les dilapidateurs, c'était s'attaquer aux directeurs eux-mêmes, attendu que la commission, fondation nouvelle, investie par les directeurs de ses pouvoirs, n'avait à rendre compte de sa gestion qu'au Directoire. Ainsi, pour donner une idée de la remise qui devait être faite par lui aux cinq majestés du Luxembourg, nous nous contenterons de dire qu'il était alloué au caissier percepteur un droit de trois centimes par franc sur les contributions ; ce qui, sur soixante millions, par exemple, faisait, pour la part de cet employé, complétement étranger aux dangers de la guerre, une somme d'un million huit cent mille francs, quand nos généraux touchaient douze ou quinze mille francs par an, si toutefois ils les touchaient.

Ce qui préoccupait aussi fortement le Directoire, dont quelques membres avaient occupé des grades élevés dans l'armée, c'est l'ascendant qu'à la suite d'une guerre longue et triomphale peut prendre le pouvoir militaire entouré d'une glorieuse auréole. Une fois lancé dans la voie du doute et de la crainte, une des premières dispositions que devait prendre le Directoire, qui savait très-bien la puissance de corruption que donnent les richesses, c'était de ne point permettre que de trop fortes sommes s'accumulassent aux mains des généraux.

Mais le Directoire n'avait pas pris des précautions complètes.

Tout en enlevant aux généraux en chef la faculté de recevoir et celle d'administrer, il leur avait laissé le droit de fixer le chiffre et la nature des contributions.

Lorsque Championnet se fut assuré que ce droit lui était laissé, il attendit tranquillement le citoyen Faypoult, qui, on se le rappelle, devait revenir le surlendemain à la même heure.

Le citoyen Faypoult, qui avait eu le soin de faire nommer son beau-père caissier-percepteur, n'eut garde de manquer au rendez-vous, et trouva Championnet juste à la même place où il l'avait laissé, comme si depuis quarante-huit heures le général n'avait point quitté son fauteuil.

Le général, sans se lever, le salua de la tête et lui indiqua un fauteuil en face du sien.

— Eh bien? lui demanda le commissaire civil en s'asseyant.

— Eh bien, mon cher monsieur, répondit le général, vous arrivez trop tard.

— Comment! pour toucher les contributions?

— Non, mais pour organiser la chose sur le même pied qu'à Rome. Quoique le droit que vous percevez de vos trois centimes par franc soit énorme, je vous l'abandonne.

— Parce que vous ne pouvez pas faire autrement, général : avouez-le.

— Oh! je l'avoue de grand cœur. Si je pouvais

ne pas vous laisser percevoir un denier, je le ferais. Mais, songez-y bien, votre travail se bornera à la perception ; ce qui vous donnera encore un assez joli bénéfice, puisque la simple perception fera entrer dans votre poche un peu plus de deux millions.

— Comment cela, général ? Les contributions que le gouvernement français prélèvera sur le royaume de Naples ne monteront donc qu'à soixante millions ?

— A soixante-cinq millions. Je vous ai dit a un peu plus de deux millions ; ayant affaire à un comptable, j'aurais dû vous dire : deux millions cent cinquante mille francs.

— Je ne comprends pas, général.

— Comment, vous ne comprenez pas ? C'est bien simple, cependant. Du moment que j'ai trouvé, dans la noblesse et dans la bourgeoisie napolitaine, non plus des ennemis, mais des alliés, j'ai déclaré solennellement renoncer au droit de conquête, et je me suis borné à demander une contribution de soixante-cinq millions de francs pour l'entretien de l'armée libératrice. Vous comprenez, mon cher monsieur, que je n'ai pas chassé le roi de Naples pour coûter à Naples plus cher que ne lui coûtait son roi, et que je n'ai pas brisé les fers des Napolitains pour en faire des esclaves de la république française. Il n'y a qu'un barbare, sachez-le, monsieur le commissaire civil, un Attila ou un Genséric qui puisse déshonorer une conquête comme la nôtre, c'est-à-dire une conquête de principes, en usurpant à force armée les biens et les propriétés du peuple chez lequel il est entré en lui promettant la liberté et le bonheur.

— Je doute, général, que le Directoire accepte ces conditions.

— Il faudra bien qu'il les accepte, monsieur, dit Championnet avec hauteur, puisque je les ai non-seulement faites ayant le droit de les faire, mais que je les ai signifiées au gouvernement napolitain et qu'elles ont été acceptées par lui. Il va sans dire que je vous laisse tout droit de contrôle, monsieur le commissaire, et que, si vous pouvez me prendre en faute, je vous autorise de tout cœur à le faire.

— Général, permettez-moi de vous dire que vous me parlez comme si vous n'aviez pas pris connaissance des instructions du gouvernement.

— Si fait ! et c'est vous, monsieur, qui insistez comme si vous ignoriez la date de ces instructions. Elles sont du 5 février, n'est-ce pas ?

— Oui.

— Eh bien, mon traité avec le gouvernement napolitain est du 1er : la date de mon traité prime donc celle de vos instructions, puisqu'elle lui est antérieure de cinq jours.

— Alors, vous refusez de reconnaître mes instructions ?

— Non : je les reconnais, au contraire, comme arbitraires, antigénéreuses, antirépublicaines, antifraternelles, antifrançaises, et je leur oppose mon traité.

— Tenez, général, dit le commissaire civil, croyez-moi, au lieu de nous faire la guerre comme deux sots, entendons-nous, comme deux hommes d'esprit que nous sommes. C'est un pays neuf que Naples, et il y a des millions à y gagner.

— Pour des voleurs, oui, monsieur, je sais cela. Mais, tant que je serai à Naples, les voleurs n'auront rien à y faire. Pesez bien mes paroles, monsieur le commissaire civil, et, croyez-moi, repartez le plus tôt possible avec votre suite pour Rome. Vous avez oublié quelques lambeaux de chair sur les os de ce squelette qui fut le peuple romain; allez bien vite les ronger; sans cela, les corbeaux ne laisseront rien aux vautours.

Et Championnet, se levant, montra d'un geste plein de mépris la porte au commissaire civil.

— C'est bien, dit celui-ci, vous voulez la guerre; vous l'aurez, général.

— Soit, répondit Championnet, la guerre, c'est mon état. Mais ce qui n'est pas mon état, c'est de spéculer sur le casuel qu'entraînent les saisies de biens, les réquisitions de denrées et de subsistances, les ventes frauduleuses, les comptes simulés ou fictifs; ce qui n'est pas mon état, c'est de ne protéger les citoyens de Naples, frères des citoyens de Paris, qu'à la condition qu'ils ne se gouverneront qu'à ma volonté, c'est de confisquer les biens des émigrés dans un pays où il n'y a pas d'émigrés; ce qui n'est pas mon état, enfin, c'est de piller les banques dépositaires des deniers des particuliers; c'est, quand les plus grands barbares hésitent à violer la tombe d'un individu, c'est de violer la tombe d'une ville, c'est d'éventrer le sépulcre de Pompéi pour lui prendre les trésors qu'elle y cache, depuis près de deux mille ans: voilà ce qui n'est pas mon état, et, si c'est le vôtre, je vous préviens, monsieur, que vous ne l'exercerez pas ici tant que j'y serai. Et, maintenant que je vous ai dit tout ce que j'avais à vous dire, sortez!

Le matin même, dans l'attente de ce qui allait se passer entre lui et le commissaire civil, Championnet avait fait afficher son traité avec le gouvernement napolitain, lequel traité fixait à soixante-cinq millions la contribution annuelle à payer par Naples pour les besoins de l'armée française.

Le lendemain, le général trouva toutes ses affiches couvertes par celles du commissaire civil. Elles annonçaient qu'en vertu du droit de conquête, le Directoire déclarait patrimoine de la France les biens de la couronne de Naples, les palais et maisons du roi, les chasses royales, les dotations des ordres de Malte et de Constantin, les biens des monastères, les fiefs allodiaux, les banques, les fabriques de porcelaine, et, comme l'avait dit Championnet, jusqu'aux antiquités encore enfouies dans les sables de Pompéi et dans la lave d'Herculanum.

Le général regarda cet acte non-seulement comme une atteinte portée à ses droits, mais encore comme une insulte, et, après avoir envoyé Salvato et Thiébaut pour demander satisfaction au commissaire civil, il le fit arrêter sur son refus, conduire hors de la frontière napolitaine et déposer sur la grande route de Rome.

Cet acte fut accueilli par les Napolitains avec des hourras d'enthousiasme. Aimé et respecté des nobles et de la bourgeoisie, Championnet devint populaire jusque dans les plus basses classes de la société.

Le curé de l'église Sainte-Anne découvrit, dans les actes de son église, qu'un certain Giovanni Championne, qui n'avait avec le général aucun rapport d'âge ni de parenté, y avait été baptisé. Il exposa l'acte, réclama le général comme son paroissien, et le peuple, que son habileté à parler le patois napolitain avait déjà plusieurs fois étonné, trouva une explication à son étonnement et voulut absolument voir dans le général français un compatriote.

Une telle croyance pouvait être utile à la cause; dans l'intérêt de la France, Championnet la laissa non-seulement subsister, mais s'accroître.

Éclairé par les sanglantes expériences de la révolution française, Championnet, tout en dotant Naples des bienfaits immenses qu'elle avait produits, voulait la préserver de ses excès intérieurs et de ses fautes extérieures. Son espérance était celle-ci : réaliser la philanthropique utopie de faire une révolution sans arrestations, sans proscriptions, sans exécutions. Au lieu de suivre le précepte de Saint-Just, qui recommandait de creuser profond avec le soc révolutionnaire, il voulait simplement passer sur la société la herse de la civilisation. Comme Fourier a voulu depuis faire concourir toutes les aptitudes, même les mauvaises, à un but social, il voulait faire concourir tout le monde à la régénération publique : le clergé, en ménageant l'influence de ses préjugés, chers au peuple; la noblesse, en l'attirant par la perspective d'un glorieux avenir dans le nouvel ordre de choses ; la bourgeoisie, qui n'avait eu jusque-là qu'une part de servitude, en lui donnant une part de souveraineté; les classes libérales des avocats, des médecins, des lettrés, des artistes, en les encourageant et en les récompensant, et enfin les lazzaroni, en les instruisant et en leur donnant, par un gain convenable et jusqu'alors inconnu, le goût du travail.

Tel était le rêve d'avenir que Championnet avait fait pour Naples lorsque la brutale réalité vint le prendre au collet au moment où, maître paisible de Naples, il mettait, pour éteindre les insurrections des Abruzzes, d'un côté en mouvement les colonnes mobiles organisées à Rome par le général Sainte-Suzanne, chargeait Duhesme et Caraffa de marcher contre celui que l'on croyait être le prince héréditaire, Schipani contre Ruffo, et où, s'apprêtant à marcher sur Reggio, il se proposait de conduire lui-même une forte colonne en Sicile.

Mais, dans la nuit du 15 au 16 mars, Championnet reçut l'ordre du Directoire de se rendre à Paris, auprès du ministre de la guerre. Maître suprême à Naples, aimé, vénéré de tous, au milieu de la puissance qu'il avait créée et dans laquelle il lui eût été facile de se perpétuer, cet homme que l'on accusait d'ambition et d'empiétement, comme un Romain des jours héroïques, s'inclina devant l'ordre reçu, et, se tournant vers Salvato qui était près de lui :

— Je pars content, lui dit-il, j'ai payé à mes soldats les cinq mois de solde arriérés qui leur étaient dus ; j'ai remplacé les lambeaux de leurs uniformes par de bons habits ; ils ont tous une paire de souliers neufs et mangent du pain meilleur qu'ils n'en ont jamais mangé.

Salvato le serra contre son cœur.

— Mon général, lui dit-il, vous êtes un homme de Plutarque.

— Et pourtant, murmura Championnet, j'avais bien des choses à faire, que mon successeur ne fera probablement pas. Mais qui va d'un bout à l'autre de son rêve ? Personne.

Puis, avec un soupir :

— Il est une heure du matin, continua-t-il en tirant sa montre ; je ne me coucherai pas, ayant beaucoup de choses à faire avant mon départ. Soyez demain, à trois heures chez moi, mon cher Salvato, et gardez sur ce qui m'arrive le secret le plus absolu.

Le lendemain, à trois heures précises, Salvato était au palais d'Angri. Aucun préparatif n'annonçait un départ. Championnet, comme d'habitude, travaillait dans son cabinet ; en voyant entrer le jeune homme, il se leva et lui tendit la main.

— Vous êtes exact, mon cher Salvato, lui dit-il,

et je vous remercie de votre exactitude. La, maintenant, si vous le voulez bien, nous allons aller faire une petite promenade.

— A pied ? demanda Salvato.

— Oui, à pied, répondit Championnet. Venez.

A la porte, Championnet s'arrêta, et jetant un dernier regard sur le cabinet qu'il habitait depuis deux mois et où il avait décidé, décrété et exécuté de si grandes choses :

— On assure que les murs ont des oreilles, dit-il ; s'ils ont une voix, j'adjure ceux-ci de parler et de témoigner s'ils ont jamais entendu dire, s'ils ont jamais vu faire une chose qui ne fût pas pour le bien de l'humanité depuis que j'ai ouvert, comme général en chef, cette porte que je referme sur moi comme accusé.

Et il referma la porte et descendit l'escalier, le visage souriant et appuyé au bras de Salvato.

XLIV

L'ACCUSÉ

Le général et son aide de camp suivirent la rue de Toledo jusqu'au musée Bourbonien, descendirent la strada dei Studi, traversèrent le largo delle Pigne, suivirent la strada Foria, et gagnèrent Poggiareale.

Là, une voiture attendait Championnet, ayant pour toute escorte son valet de chambre Scipion, assis sur le siége.

— Allons, mon cher Salvato, dit le général, l'heure est venue de se quitter. Ma consolation est, en prenant la mauvaise route, de vous laisser au moins dans la bonne. Nous reverrons-nous jamais? J'en doute. Dans tous les cas, vous qui avez été plus que mon ami, presque mon enfant, gardez ma mémoire.

— Oh! toujours! toujours! murmura Salvato. Mais pourquoi ces pressentiments. Vous êtes rappelé, voilà tout.

Championnet tira un journal de sa poche et le donna à Salvato.

Salvato le déplia : c'était *le Moniteur*. Il y lut les lignes suivantes :

« Attendu que le général Championnet a employé l'autorité et la force pour empêcher l'action du pouvoir conféré par nous au commissaire Faypoult et que, par conséquent, il s'est mis en rébellion ouverte contre le gouvernement, le citoyen Championnet, général de division, commandant l'armée de Naples, sera mis en arrestation, traduit devant un conseil de guerre et jugé pour son infraction aux lois. »

— Vous voyez, cher ami, reprit Championnet, que c'est plus sérieux que vous ne croyiez.

Salvato poussa un soupir, et, haussant les épaules :

— Général, je puis affirmer une chose, dit-il, c'est que, si vous êtes condamné, il y aura au monde une ville qui effacera Athènes, en ingratitude : cette ville sera Paris.

— Hélas ! dit Championnet, je m'en consolerais si j'étais Thémistocle.

Et, serrant à son tour Salvato contre son cœur, il s'élança dans la voiture.

— Et vous partez ainsi seul, sans escorte ? lui dit Salvato.

— Les accusés sont sous la garde de Dieu, répondit Championnet.

Les deux amis échangèrent un dernier signe d'adieu, et la voiture partit.

*
* *

Le général Championnnt a pris une trop large part aux événements que nous venons de raconter et a laissé une trop grande mémoire de lui à Naples pour que, l'accompagnant en France, nous ne le suivions pas jusqu'à la fin de sa glorieuse vie, qui, au reste, ne devait pas être longue.

En passant par Rome, une dernière ovation attendait le général Championnet; le peuple romain, qu'il avait rendu libre, lui offrit un équipement complet, armes, uniforme, cheval, avec cette inscription :

*Au général Championnet
les consuls ᴄ' la république romaine.*

Avant de quitter la ville éternelle, il reçut, en outre, du gouvernement napolitain la lettre suivante :

« Général,

» Rien ne vous peindra la douleur du gouvernement provisoire, lorsqu'il a appris la funeste nouvelle de votre départ. C'est vous qui avez fondé notre république; c'est sur vous que reposaient nos plus douces espérances. Brave général, vous emportez nos regrets, notre amour, notre reconnaissance.

» Nous ignorons quelles seront les intentions de votre successeur à notre égard : nous espérons qu'il sera assez ami de la gloire et de son devoir pour affermir votre ouvrage; mais, quelle que soit sa conduite, nous ne pourrons jamais oublier la vôtre, cette modération, cette douceur, ce caractère franc et loyal, cette âme grande et généreuse qui vous attiraient tous les cœurs. Ce langage n'est point celui de la flatterie : vous êtes parti, et nous n'avons plus à attendre de vous qu'un doux souvenir. »

Nous avons dit que la mémoire laissée par Championnet à Naples, était grande. Son départ y fut considéré, en effet, comme une calamité publique, et, deux ans après son départ, l'historien Cuoco écrivait dans l'exil :

« O Championnet! maintenant, tu as cessé de vivre; mais ton souvenir recevra dans ce livre l'hommage dû à ta fermeté et à ta justice. Que t'importe que le Directoire ait voulu t'opprimer! Il n'était point en son pouvoir de t'avilir. Du jour de ta disgrâce, tu devins l'idole de notre nation. »

A Bologne, le général Lemoine remit à ce nouveau Scipion, qui semblait monter au Capitole pour rendre grâce aux dieux, plutôt que descendre au Forum pour y être accusé, une lettre de Barras, qui, s'isolant complétement de la décision prise par ses collègues contre Championnet, l'appelait son ami et prédisait à sa disgrâce une glorieuse fin et une éclatante réparation.

Aussi, la surprise de Championnet fut-elle grande lorsque, à Milan, il fut éveillé, à minuit, et que, de la part de Scherer, général en chef de l'armée d'Italie, on lui signifia un nouveau décret du Directoire lequel l'accusait de révolte contre le gouvernement, fait qui le rendait passible de six années de détention.

Le rédacteur du décret signifié à Championnet était le directeur Merlin, le même qui, après la chute du pouvoir auquel il appartenait, devait recommencer sa carrière dans les emplois subalternes de la magistrature, sous Bonaparte, et devenir procureur général sous Napoléon.

Inutile de dire que le général Scherer, qui signifiait à Championnet le décret de Merlin, était le même Scherer qui, sur le théâtre même des victoires du proscrit, devait être si cruellement battu par le général autrichien Kray et par le général russe Souvorov.

Mais, en même temps que Championnet était victime de cette triste et odieuse mesure, il éprouvait une grande consolation. Joubert, un des cœurs les plus dévoués à la Révolution, Joubert, une des gloires les plus pures de la République, Joubert donnait sa démission en apprenant la mise en accusation de son collègue.

Aussi, plein de confiance dans le tribunal devant lequel il allait paraître, Championnet écrivait-il, cette même nuit, à Scherer pour lui demander dans quelle forteresse il devait se constituer prisonnier, et à Barras pour que l'on hâtât son jugement.

Mais, si l'on avait été pressé d'éloigner Championnet de Naples, pour que les commissaires du Directoire pussent y exercer leurs déprédations, on n'était aucunement pressé de le juger, attendu que l'on savait parfaitement d'avance quelle serait la fin du procès.

Aussi Scherer se tira-t-il d'embarras en le faisant voyager, au lieu de le juger. Il l'envoya de Milan à Modène, de Modène le renvoya à Milan, et, de Milan, enfin, il le constitua prisonnier à Turin.

Il habitait la citadelle de cette dernière ville, lorsqu'un matin, aussi loin que pouvait s'étendre son regard, il vit toute la route qui conduisait d'Italie en France couverte de piétons, de chariots, de fourgons : c'était notre armée en déroute, notre armée battue bien plus par l'impéritie de Scherer que par le génie de Kray et le courage de Souvorov.

L'arrière-garde de notre armée victorieuse, qui devenait l'avant-garde de notre armée battue, était principalement formée de fournisseurs, de commissaires civils et d'autres agents financiers qui, chassés par les Autrichiens et les Russes, regagnaient, pareils à des oiseaux de rapine, la France à tire-d'aile, pour mettre leur butin à l'abri derrière ses frontières.

C'était la vengeance de Championnet. Par malheur, cette vengeance, c'était la honte de la France. Tous ces malheureux fuyaient parce que la France était vaincue. Puis, à ce sentiment moral, si douloureux déjà, se joignait le spectacle matériel, plus douloureux encore, de malheureux soldats qui, les pieds nus, les vêtements déchirés, escortaient leurs propres dépouilles.

Championnet revoyait fugitifs ces malheureux soldats qu'il avait conduits à la victoire ; il revoyait nus ceux qu'il avait habillés, mourants de faim ceux qu'il avait nourris, orphelins ceux dont il avait été le père...

C'étaient les vétérans de son armée de Sambre-et-Meuse !

Aussi, lorsqu'ils surent que celui qui avait été leur chef était là prisonnier, ils voulurent enfoncer les portes de sa prison et le remettre à leur tête pour marcher de nouveau contre l'ennemi. C'est que cette armée, armée toute révolutionnaire, était douée d'un intelligence que n'ont point les armées du despotisme, et que cette intelligence lui disait que, si l'ennemi était vainqueur, il devait cette victoire bien plus à l'impéritie de nos généraux qu'au courage et au mérite des siens.

Championnet refusa de commander comme chef, mais prit un fusil pour combattre comme volontaire.

Par bonheur, son défenseur l'en empêcha.

— Que pensera votre ami Joubert, lorsqu'il saura ce que vous aurez fait, lui dit-il, lui qui a donné sa démission, parce que l'on vous avait enlevé votre épée ! Si vous vous faites tuer sans jugement, on dira que vous vous êtes fait tuer, parce que vous étiez coupable.

Championnet se rendit à ce raisonnement.

Quelques jours après la retraite de l'armée française, sur le point d'abandonner Turin, on força le général Moreau, qui avait succédé à Scherer dans le commandement de l'armée d'Italie, d'envoyer Championnet à Grenoble.

C'était presque sa patrie.

Par un singulier jeu du hasard, il eut pour compagnons de voyage ce même général Mack, qui avait, à Caserte, voulu lui rendre une épée qu'il n'avait point voulu recevoir, et ce même Pie VI que la Révolution envoyait mourir à Valence.

C'était à Grenoble que Championnet devait être jugé.

« Vous traduisez Championnet à la barre d'un tribunal français, s'écria Marie-Joseph Chénier à la tribune des Cinq-Cents : c'est sans doute pour lui faire faire amende honorable d'avoir renversé le dernier trône de l'Italie ! »

Le premier qui fut appelé comme témoin devant le conseil de guerre fut son aide de camp Villeneuve.

Il s'avança d'un pas ferme en face du président, et, après avoir respectueusement salué l'accusé :

— Que n'appelez-vous aussi, dit-il, en même temps que moi tous les compagnons de ses victoires? Leur témoignage serait unanime comme leur indignation. Entendez cet arrêt d'un historien célèbre : « Une puissance injuste peut maltraiter un honnête homme, mais ne peut le déshonorer. »

Pendant que le procès se jugeait, arriva la journée du 30 prairial, qui chassa du Directoire Treilhard,

Revellière-Lepaux et Merlin, pour y introduire Gohier, Roger-Ducos et le général Moulin.

Cambacérès eut le portefeuille de la justice, François de Neufchâteau celui de l'intérieur, et Bernadotte celui de la guerre.

Aussitôt arrivé au pouvoir, Bernadotte donna l'ordre d'interrompre, comme honteux et antinational, le procès intenté à Championnet, son compagnon d'armes à l'armée de Sambre-et-Meuse, et lui écrivit la lettre suivante :

« Mon cher camarade,

» Le Directoire exécutif, par décret du 17 courant, vous nomme commandant en chef de l'armée des Alpes. Trente mille hommes attendent impatiemment l'occasion de reprendre l'offensive sous vos ordres.

» Il y a quinze jours, vous étiez dans les fers ; le 30 prairial vous a délivré. L'opinion publique accuse aujourd'hui vos oppresseurs ; ainsi, votre cause est devenue, pour ainsi dire, nationale : pouviez-vous désirer un sort plus heureux ?

» Assez d'autres trouvent dans la Révolution le prétexte de calomnier la République ; pour des hommes tels que vous, l'injustice est une raison d'aimer davantage la patrie. On a voulu vous punir d'avoir renversé des trônes ; vous vous vengerez sur les trônes qui menaceront la forme de notre gouvernement.

» Allez, monsieur, couvrez de nouveaux lauriers la trace de vos chaînes ; effacez, ou plutôt conservez cette honorable empreinte : il n'est point inutile à la liberté de remettre incessamment sous nos yeux les attentats du despotisme.

» Je vous embrasse comme je vous aime.

» BERNADOTTE. »

Championnet partit pour l'armée des Alpes ; mais la mauvaise fortune de la France avait eu le temps de prendre le dessus sur le bonheur du bâtard. Joubert, consacrant à sa jeune femme quinze jours précieux qu'il eût dû donner à son armée, perdit la bataille de Novi et se fit tuer.

Moins heureux que son ami, Championnet perdit celle de Fossano, et, ne pouvant se faire tuer comme Joubert, tomba malade et mourut, en disant :

— Heureux Joubert !

Ce fut à Antibes qu'il rendit le dernier soupir. Son corps fut déposé dans le fort Carré.

On trouva un peu moins de cent francs dans les

tiroirs de son secrétaire, et ce fut son état-major qui fit les frais de ses funérailles.

XLV

L'ARMÉE DE LA SAINTE FOI

Le 16 mars, à peu près à la même heure où Championnet sortait de Naples, appuyé au bras de Salvato, le cardinal Ruffo, en passant dans la petite commune de Borgia, rencontra une députation de la ville de Catanzaro, qui venait au-devant de lui.

Elle se composait du chef de la *rota* (du tribunal), don Vicenzo Petroli, du cavalier don Antonio Perruccoli, de l'avocat Saverio Landari, de don Antonio Greco et de don Alessandro Nava.

Saverio Landari, en sa qualité d'avocat, prit la parole, et, contre les habitudes du barreau, exposa au cardinal, dans toute leur simplicité et toute leur clarté, les faits suivants :

Que, quoique les royalistes eussent tué, mis en fuite ou arrêté à peu près tous ceux qui étaient soupçonnés d'appartenir au parti républicain, la ville de Catanzaro, dans sa désolation, ne cessait de nager dans la plus horrible anarchie, au milieu des meurtres, des pillages et des vengeances privées.

En conséquence, au nom de tout ce qui restait d'honnêtes gens à Catanzaro, le cardinal était prié de venir le plus tôt possible au secours de la malheureuse ville.

Il fallait que la situation fût bien grave pour que les royalistes demandassent des secours contre les gens de leur propre parti.

Il est vrai que quelques-uns des membres de la députation que Catanzaro avait envoyée au cardinal, avaient fait partie des comités démocratiques, et, entre autres, le chef de la rote, Vicenzo Petroli, qui, ayant été du gouvernement provisoire, était un de ceux qui avaient mis à prix la tête du cardinal et celle du conseiller de Fiore.

Le cardinal fit semblant de ne rien savoir de tout cela : ce qui lui importait, à lui, c'était que les villes lui ouvrissent leurs portes, quels que fussent ceux qui les lui ouvraient. En conséquence, pour apporter au mal le plus prompt remède possible, il demanda qui était chef du peuple à Catanzaro.

On lui répondit que c'était un certain don François de Giglio.

Il demanda une plume, de l'encre, et, sans descendre de son cheval, écrivit sur son genou :

« Don François de Giglio,

» La guerre comme vous la faites est bonne contre les jacobins obstinés qui se font tuer ou prendre les armes à la main, et non contre ceux qui ont été contraints par la menace ou la violence de se réunir aux rebelles, surtout si ces derniers se repentent et s'en remettent à la clémence du roi : à plus forte raison cette guerre n'a-t-elle point d'excuse contre les citoyens pacifiques.

» En conséquence, je vous ordonne, et sous votre propre responsabilité, de faire immédiatement cesser les meurtres, le pillage et toute voie de fait. »

Cet ordre fut immédiatement envoyé à Catanzaro, sous la protection d'une escorte de cavalerie.

Puis, accompagné de la députation, le cardinal reprit, vers Catanzaro, sa marche un instant interrompue.

L'avant-garde, arrivée au fleuve Corace, l'antique Crotalus, fut forcée, faute de ponts, de passer en char et à la nage. Pendant ce temps, le cardinal, qui n'oubliait pas les études d'archéologie faites par lui à Rome, s'écarta du chemin pour aller visiter les ruines d'un temple grec.

Ces ruines, que l'on voit encore aujourd'hui, et que l'auteur de ce livre a visitées en suivant la même route que le cardinal Ruffo, sont celles d'un temple de Cérès, à une heure duquel sont les ruines d'Amphissum, où mourut Cassiodore, premier consul et ministre de Théodoric, roi des Goths. Cassiodore avait vécu près de cent ans, et passa de ce monde à l'autre dans une petite retraite qui domine toute la contrée, et où il écrivit son dernier livre du *Traité de l'âme*.

Le cardinal passa le Corace après tout le monde et s'arrêta à la marine de Catanzaro, riante plage, semée de riches villas où les familles nobles ont l'habitude de passer la saison d'hiver.

La plage de Catanzaro n'offrant au cardinal aucun abri pour loger sa troupe, et les pluies d'hiver commençant à venir avec cette abondance particulière à la Calabre, il décida d'envoyer une partie de son armée au blocus de Cotrone, où la garnison royale avait pris du service sous les républicains, où s'étaient réunis tous les patriotes fugitifs de la province, et où avaient débarqué, sur un bâtiment venu d'Égypte, trente-deux officiers subalternes d'artillerie, un colonel et un chirurgien français.

Le cardinal détacha donc de son armée deux mille hommes de troupes régulières, et spécialement les compagnies des capitaines Joseph Spadea et Giovanni Celia. A ces deux compagnies il en adjoignit une troisième, de ligne, avec deux canons et un obusier. Toute l'expédition fut mise sous les ordres du lieutenant-colonel Perez de Vera. Il y adjoignit comme officier parlementaire le capitaine Dandano de Marceduse. Enfin, un bandit de la pire espèce, mais qui connaissait parfaitement le pays, où il exerçait depuis vingt ans le métier de voleur de grand chemin, fut chargé des importantes fonctions de guide de l'armée.

Ce bandit, nommé Pansanera, était célèbre par dix ou douze meurtres.

Le jour de l'arrivée du cardinal à la plage de Catanzaro, il se jeta à ses pieds et sollicita de lui la faveur d'être entendu en confession.

Le cardinal comprit que ce n'était point un pénitent ordinaire qui lui venait ainsi le fusil à l'épaule et la cartouchière aux reins, le poignard et les pistolets à la ceinture.

Il descendit de cheval, s'écarta de la route et alla s'asseoir au pied d'un arbre.

Le bandit s'agenouilla et déroula, avec les marques du plus profond repentir, la longue série de ses crimes.

Mais le cardinal n'avait point le choix des instruments qu'il employait. Celui-là pouvait lui être utile. Il se contenta de l'assurance de son repentir, et, sans s'informer si ce repentir était bien sincère, il lui donna l'absolution. Le cardinal était pressé d'utiliser au profit du roi les connaissances topographiques que don Alonzo Pansanera avait acquises en manœuvrant contre la société.

L'occasion ne tarda point à s'offrir, et, comme nous l'avons dit, Pansanera fut nommé guide de la colonne expéditionnaire. La colonne se mit en route, et le cardinal resta derrière elle pour réorganiser l'armée et organiser la réaction.

Au bout de trois jours, il se mit à son tour en marche; mais, comme il fallait faire trois étapes en suivant le rivage de la mer, et sans passer par aucun lieu habité, le cardinal chargea son commissaire aux vivres, don Gaetano Peruccioli, de réunir un certain nombre de voitures chargées de pains, de biscuits, de jambons, de fromage et de farine, puis, ses ordres exécutés, de se mettre en marche sur Cotrone.

A la fin de la première journée, on arriva sur les bords du fleuve Trocchia, qui se trouvait gonflé par les pluies et par la fonte des neiges.

Pendant le passage, qui s'effectua avec une grande difficulté, et en conséquence avec un grand désordre, le commissaire des vivres et les vivres disparurent, avec toute l'administration.

On le voit, don Alonzo Pansanera n'eut pas mieux fait que Gaetano Peruccioli.

Nommé de la veille, il n'avait pas perdu de temps pour poser la première pierre de l'édifice de sa fortune (1).

Ce fut dans la nuit seulement, et lorsque l'armée s'arrêta pour bivaquer, que la disparition de Peruccioli se fit connaître par la complète absence des vivres.

On ne mangea point cette nuit-là.

Le lendemain, par bonheur, après deux lieues de marche, on trouva un magasin plein d'excellente farine et des bandes de porcs à moitié sauvages, telles qu'on en rencontre à chaque pas dans la Calabre. Cette double manne fut la bienvenue au désert et immédiatement convertie en soupe au lard. Le cardinal en mangea comme les autres, quoique ce fût un samedi, c'est-à-dire jour maigre. Mais, en sa qualité de haut dignitaire de l'Église, il avait pour lui des pouvoirs qu'il étendit à toute l'armée.

L'armée sanfédiste put donc sans remords manger

---

(1) On sait que, dans toute la partie historique, c'est de l'histoire pure et simple que nous faisons : nous n'inventons ni ne retranchons.

sa soupe au lard, et la trouver excellente. Le cardinal fut de l'avis de l'armée.

Une chose qui n'étonna pas moins le cardinal que la disparition du commissaire des vivres Peruccioli, fut l'apparition du marquis Taccone, chargé, par ordre du général Acton, de suivre l'armée de la sainte foi comme trésorier et venant la joindre à cet effet.

Le cardinal était justement dans le magasin aux farines lorsqu'on lui annonça le marquis Taccone. Son Excellence arrivait dans un mauvais moment : le cardinal était de mauvaise humeur, n'ayant pas mangé depuis la veille à midi.

Il crut que le marquis Taccone lui rapportait les cinq cent mille ducats qu'il n'avait pas pu se procurer à Messine, ou plutôt il fit semblant de le croire. Le cardinal était un homme trop expérimenté pour commettre de pareilles erreurs.

Il était assis à une table, et, sur un escabeau que l'on avait trouvé à grand'peine, il expédiait des ordres.

— Ah! vous voilà, marquis, dit-il avant même que celui-ci eût franchi la porte. En effet, j'ai reçu avis de Sa Majesté que vous aviez retrouvé les cinq cent mille ducats et que vous me les rapportiez.

— Moi? dit Taccone étonné. Il faut que Sa Majesté ait été induite en erreur.

— Eh bien, alors, demanda le cardinal, que venez-vous faire ici? A moins, cependant, que vous ne veniez comme volontaire?

— Je viens envoyé par le capitaine général Acton, Votre Éminence.

— A quel titre?

— A titre de trésorier de l'armée.

Le cardinal éclata de rire.

— Est-ce que vous croyez, lui demanda-t-il, que j'ai cinq cent mille ducats à vous donner pour compléter le million?

— Je vois avec douleur, dit le marquis Taccone, que Votre Excellence me soupçonne d'infidélité.

— Vous vous trompez, marquis. Mon Éminence vous accuse de vol, et, jusqu'à ce que vous m'ayez donné la preuve du contraire, j'affirmerai l'accusation.

— Monseigneur, dit Taccone en tirant un portefeuille de sa poche, je vais avoir l'honneur de vous prouver que cette somme et beaucoup d'autres ont été employées à divers usages par ordre de monsei- le capitaine général Acton.

Et, s'approchant du cardinal, il ouvrit son portefeuille.

Le cardinal y plongea son œil perçant, et, voyant une foule de papiers qui lui parurent non-seulement de la plus haute importance, mais encore de la plus grande curiosité, il allongea la main, prit le portefeuille, et, appelant la sentinelle de garde à sa porte :

— Faites venir deux de vos camarades, dit-il; qu'ils prennent monsieur au collet, qu'ils le conduisent à un quart de lieue d'ici et qu'ils le laissent sur la grande route. Si monsieur fait mine de revenir, tirez sur lui comme sur un chien, attendu que j'estime un chien bien au delà d'un voleur.

Puis, au marquis Taccone, tout abasourdi de l'accueil :

— Ne vous inquiétez point de vos papiers, dit-il; j'en ferai prendre fidèle copie, je les ferai numéroter avec soin et je les enverrai au roi. Retournez donc à Palerme; vos papiers y seront aussitôt que vous.

Et, pour prouver au marquis Taccone qu'il lui disait la vérité, le cardinal commença la revue de ses papiers avant même que le marquis fût sorti de la chambre.

Le cardinal, en mettant la main sur le portefeuille du marquis Taccone, avait fait une véritable trouvaille. Mais, comme nous n'avons pas eu ce portefeuille sous les yeux, nous nous contenterons de répéter à cette occasion ce que dit Dominique Sacchinelli, historien de l'illustre *porporato :*

« A la vue de ces papiers, qui avaient tous rapport à des dépenses secrètes, écrit-il, le cardinal put se convaincre que le plus grand ennemi du roi était Acton. C'est pourquoi, emporté par son zèle, il écrivit au roi, en lui envoyant tous les papiers de Taccone, dont il avait eu la précaution de conserver un double :

« Sire, la présence du général Acton à Palerme
» compromet la sûreté de Votre Majesté et de la fa-
» mille royale... »

Sacchinelli, à qui nous empruntons ce fait et qui, après avoir été le secrétaire du cardinal, est devenu son historien, ne put surprendre au passage autre chose que la phrase que nous guillemetons, la lettre du cardinal au roi étant écrite tout entière de sa main et n'étant restée qu'un instant sous ses yeux, tant le cardinal avait hâte de l'envoyer au roi.

Mais ce que nous pouvons dire en toute connaissance de cause, c'est que les cinq cent mille ducats ne se retrouvèrent jamais.

A la nouvelle de la disparition du commissaire des vivres Peruccioli, le cardinal n'avait pas jugé à propos de traverser le fleuve gonflé par la pluie.

Pendant que l'on amasserait les vivres nécessaires à l'expédition, l'eau baisserait.

Et, en effet, le 23 mars au matin, le fleuve étant devenu guéable, et une quantité suffisante de vivres ayant été amassée, le cardinal ordonna de se remettre en route, lança le premier son cheval dans l'eau, et, quoiqu'il en eût jusqu'à la ceinture, il traversa le fleuve heureusement.

Toute l'armée le suivit.

Trois hommes seulement furent entraînés par le courant et sauvés par des mariniers du Pizzo.

Au moment où le cardinal mettait le pied sur la rive opposée, il lui arriva un messager courant à toute bride et tout souillé de boue, qui lui annonçait que la ville de Cotrone avait été prise la veille 22 mars.

Cette nouvelle fut reçue aux cris de « Vive le roi! vive la religion! »

Le cardinal poursuivit son chemin à marches forcées, et, passant par Cutro, il arriva le 25 mars, seconde fête de Pâques, en vue de Cotrone.

La ville fumait en plusieurs endroits et dénotait des restes d'incendie.

Le cardinal, en s'approchant, entendit des coups de feu, des cris, des clameurs qui lui indiquèrent que sa présence était urgente.

Il mit son cheval au galop; mais à peine avait-il franchi la porte de la ville, qu'il s'arrêta épouvanté; les rues étaient jonchées de morts; les maisons, saccagées, n'avaient plus ni portes ni fenêtres; quelques-unes, comme nous l'avons dit, brûlaient.

Arrêtons-nous un instant sur Cotrone, dont la destruction fut un des plus douloureux épisodes de cette guerre inexpiable.

Cotrone, sur le nom de laquelle ving-cinq siècles ont passé et ont, voilà tout, changé une lettre de place, est l'ancienne Crotone, rivale de Sybaris. Elle fut la capitale d'une des plus anciennes républiques de la Grande Grèce, dans le *Brutium*. La pureté de ses mœurs, la sagesse de ses institutions dues à Pythagore, qui y fonda une école, la fit l'ennemie de Sybaris. Elle donna naissance à plusieurs athlètes célèbres, et, entre autres, au fameux Milon, qui, comme M. Martin (du Nord) et M. Mathieu (de la Drôme), fit, non pas du département, mais de la ville où il était né, un appendice à son nom. C'était lui qui, serrant sa tête avec une corde, la faisait éclater en enflant ses tempes; c'était lui qui portait un bœuf autour du Cirque au pas gymnastique, et, après l'avoir porté, l'assommait d'un coup de poing et le mangeait dans la journée. Le célèbre médecin Démocède, qui vivait à la cour de Polycrate de

Samos, ce tyran trop heureux, qui retrouvait dans le ventre des poissons les anneaux qu'il jetait à la mer, était de Crotone, et encore cet Alcméon, disciple d'Amyntas, qui fit un livre sur la nature de l'âme, qui écrivit sur la médecine et qui, le premier, ouvrit des porcs et des singes pour se rendre compte de la conformation du corps humain.

Cotrone fut dévastée par Pyrrhus, prise par Annibal, et reprise par les Romains, qui y envoyèrent une colonie.

A l'époque où nous sommes arrivé de notre récit, Cotrone n'était plus qu'une espèce de bourg, qui n'en avait pas moins conservé le nom de son aïeule. Elle avait un petit port, un château sur la mer, des restes de fortifications et de murailles qui la faisaient compter au rang des places fortes.

Comme les républicains y étaient en majorité, la garnison royale, au moment où éclata la révolution, fut forcée de pactiser avec eux. Son commandant, Foglia, avait été destitué et arrêté comme royaliste, et à sa place avait été nommé le capitaine Ducarne, qui était en prison comme suspect de patriotisme. Par un chassé-croisé assez ordinaire dans ces sortes de circonstances, Foglia, qu'il avait remplacé à son poste, l'avait remplacé dans son cachot.

En outre, à cette garnison, sur laquelle il ne fallait

pas trop compter, on devait ajouter tous les patriotes fuyant devant Ruffo et de Cesare, qui s'étaient réunis à Cotrone et renfermés dans ses murs, ainsi que trente-deux Français venant, comme nous l'avons dit, d'Égypte.

Ces trente-deux Français étaient la vraie force résistante de la ville, et la preuve, c'est que, sur trente-deux, quinze se firent tuer.

Les deux mille hommes envoyés par le cardinal contre Cotrone firent sur la route la boule de neige. Tous les paysans qui, aux environs de Cotrone et de Catanzaro, purent prendre un fusil, prirent ce fusil et se réunirent à l'expédition. En outre, sans tenir compte de l'armée sanfédiste, une masse d'individus armés, de ceux-là qui se réunissent en toute occasion et dans tous les temps, se tenait aux environs de Cotrone, attendant le moment de *faire un coup*, et, en attendant, coupant, pour faire quelque chose, les communications de la ville avec les villages et occupant les meilleures positions.

Dans la matinée du jeudi saint, le 21 mars, le capitaine parlementaire Dardano fut expédié à Cotrone par le chef de l'expédition royaliste. Les Cotronais le reçurent les yeux bandés. Il montra alors ses lettres de créance signées du cardinal; mais peut-être y manquait-il quelque formalité d'étiquette;

car le capitaine Dardano fut pris, jeté en prison, soumis à une commission militaire et condamné à mort, comme *brigandant* contre la République. Peut-être le verbe *brigander* n'est-il point français ; mais, à coup sûr, il est napolitain, et l'on nous permettra de le franciser, vu le grand usage que nous aurons à en faire.

Les sanfédistes, voyant que leur parlementaire ne revenait point, et qu'ils ne recevaient aucune réponse à la sommation qu'ils avaient faite à la ville de se rendre, résolurent de ne pas perdre un instant, afin de délivrer le capitaine Dardano, s'il était encore vivant, ⁺ de le venger s'il était mort. En conséquence, ils recoururent à leur guide Pansanera, se groupèrent autour de lui, lui adjoignirent, pour plus grande sûreté, un homme du pays, et, conduits par eux, s'avancèrent, pendant une nuit obscure, jusque sous les murs de la ville, où, du côté du Nord, ils occupèrent une position avantageuse.

Ils profitèrent de l'obscurité, toujours pour faire arriver et mettre en batterie au milieu d'eux leur petite artillerie, et, montrant seulement les deux compagnies de ligne, ils cachèrent les volontaires, c'est-à-dire une masse de trois ou quatre mille hommes, dans les plis du terrain, ne s'inquiétant de la pluie qui tombait à torrents que pour leur recommander de mettre à l'abri leurs cartouchières et la batterie de leurs fusils.

Ils demeurèrent là toute la nuit du vendredi saint, et, au point du jour, le chef de l'expédition, le colonel-lieutenant Perez, envoya, en manière de défi, dans la place quelques obus et quelques grenades.

Au bruit que firent en éclatant ces projectiles, à la vue des deux compagnies de ligne qui se tenaient debout et découvertes, les Crotonais crurent que le cardinal, dont ils connaissaient la marche, était sous leurs murs avec une armée régulière.

On savait que la forteresse, en mauvais état, ne pouvait opposer qu'une médiocre résistance. Un conseil de guerre fut, en conséquence, réuni chez le lieutenant-colonel français, lequel déclara hautement et clairement qu'il n'y avait que deux partis à prendre, et ajouta qu'en sa qualité d'étranger il se réunirait à la majorité.

Ces deux partis étaient :

Ou d'accepter les propositions que le cardinal avait fait faire par son parlementaire Dardano, et, dans ce cas, il fallait à l'instant même mettre en liberté le parlementaire ;

Ou de faire une vigoureuse sortie et de chasser les brigands, de prendre place immédiatement sur les remparts et d'attendre derrière eux, en faisant une défense désespérée, l'armée française, qui, disait-on, était en marche vers la Calabre.

Ce dernier avis avait été adopté. Le lieutenant-colonel français s'y rangea, et tout se prépara pour la sortie, de la réussite ou de l'insuccès de laquelle allait dépendre le salut ou la chute de la ville.

En conséquence, ce même jour du vendredi saint, dès neuf heures du matin, tambour battant, mèche allumée, les républicains sortirent de la ville. Les royalistes, de leur côté, ne présentant qu'un front étroit et dissimulant les trois quarts de leurs forces, les laissèrent accomplir une fausse manœuvre, à l'aide de laquelle les républicains croyaient les envelopper.

Mais à peine, de part et d'autre, le feu de l'artillerie eut-il commencé, que les masses cachées, qui avaient réglé leur plan de bataille, d'après les conseils de Pausanea, se levèrent à droite et à gauche, laissant au centre, pour faire tête aux républicains, les deux compagnies de ligne et l'artillerie ; puis, favorisées pas l'inclinaison même du terrain, les deux ailes se rabattirent au pas de course sur le flanc des républicains, et, à demi-portée de fusil, firent, à droite et à gauche, une décharge qui, grâce à l'adresse des tireurs, eut un terrible résultat.

Les patriotes virent au premier coup d'œil l'embuscade dans laquelle ils étaient tombés, et, comme il n'y avait d'autre parti à prendre que de se faire tuer sur place et d'abandonner, par conséquent, la ville à l'ennemi, ou de faire une prompte retraite et de chercher à réparer, derrière les murs, le désastre que l'on venait d'éprouver, ils s'arrêtèrent à la retraite, et l'ordre en fut donné. Mais, enveloppés comme ils l'étaient, les patriotes ne purent opérer cette retraite que dans le plus grand désordre et hâtivement, abandonnant leur artillerie, poursuivis de si près, que, Pansanera et sept ou huit de ses hommes étant arrivés en même temps que les fuyards à la porte de la ville, ils empêchèrent, avec le feu qu'ils firent, que ces derniers ne levassent le pont derrière eux, de manière que les républicains, ne pouvant refermer la porte par laquelle ils étaient rentrés, et les sanfédistes s'étant rendus maitres de cette porte, ils furent obligés d'abandonner la ville et de se renfermer dans la citadelle.

La porte restée ouverte et sans défense, chacun s'y précipita, déchargeant son arme sur ce qu'il rencontrait, hommes, femmes, enfants, animaux même, et répandant de tous côtés la terreur; mais, dès qu'un peu d'ordre put être établi dans l'agression, les forces isolées se réunirent et se combinèrent contre la forteresse.

Les assaillants commencèrent par s'emparer de toutes les maisons environnant le château, et, de toutes les fenêtres, le feu commença contre lui.

Mais, tandis que cette fusillade s'échangeait entre les troupes régulières et les défenseurs du château, les deux compagnies de troupes de ligne entraient dans la ville, mettaient leur artillerie en position et faisaient feu à leur tour.

Or, le hasard voulut qu'un obus coupât la lance du drapeau républicain et renversât la bannière aux trois couleurs napolitaines qui avait été élevée sur le château. A cette vue, l'ancienne garnison royale, qui, à contre-cœur, s'était réunie aux patriotes, crut que c'était pour elle un avis du ciel de redevenir royaliste, et tourna immédiatement ses armes contre les républicains et les Français : elle abaissa le pont-levis et ouvrit les portes.

Les deux compagnies de ligne entrèrent aussitôt dans le château, et les Français, réduits à dix-sept, furent, avec les patriotes, enfermés dans le même château où ils étaient venus chercher un asile.

Le parlementaire Dardano, condamné à mort, mais qui n'avait pas subi sa peine, fut mis en liberté.

De ce moment, la ville de Cotrone avait été abandonnée à toutes les horreurs d'une ville prise d'assaut, c'est-à-dire au meurtre, au pillage, au viol et à l'incendie.

Le cardinal arrivait au moment où, repue de sang, d'or, de vin, de luxure, son armée accordait à la malheureuse ville expirante la trêve de la lassitude.

XLVI

LES PETITS CADEAUX ENTRETIENNENT L'AMITIÉ

Pendant que le cheval du cardinal Ruffo, portant son illustre maître, entrait dans la ville de Cotrone ayant du sang jusqu'au ventre, et se cabrait à la vue et au bruit des maisons s'écroulant dans les flammes, le roi chassait, pêchait et jouait.

Nous ne savons point quelles améliorations l'exil avait apportées à sa pêche et à son jeu; mais nous savons que jamais saint Hubert lui-même, patron des chasseurs, ne fut entouré de délices pareilles à celles au milieu desquelles le roi Ferdinand oubliait la perte de son royaume.

L'honneur que le roi avait fait au président Cardillo en acceptant une chasse dans son fief d'Illice

3.

avait empêché bien des gens de dormir et, entre autres, l'abbesse des Ursulines de Caltanizetta.

Son couvent, situé à moitié chemin à peu près de Palerme à Girgenti, possédait d'immenses domaines en plaines et en forêts. Ces plaines et ces forêts, déjà fort giboyeuses, furent peuplées, par cette excellente abbesse, d'un surcroît de daims, de cerfs et de sangliers, et, lorsque la chasse fut véritablement devenue digne d'un roi, l'abbesse elle-même, avec quatre de ses plus jolies religieuses, partit pour Palerme, demanda une audience à Sa Majesté, et la supplia de vouloir bien donner à de pauvres recluses, dont elle dirigeait les âmes, la satisfaction d'une chasse. Celle qui était offerte se présentait dans des conditions si exceptionnelles et si attrayantes, que le roi n'eut garde de la refuser, et qu'il fut convenu que, le lendemain, le roi partirait avec l'abbesse et ses quatre aides de camp, passerait un jour à se préparer par ses dévotions aux massacres des daims, des cerfs et des chevreuils, comme Charles IX, par les mêmes pratiques saintes, s'étai préparé aux massacres des huguenots, et que, le lendemain de cette préparation, il passerait de la vie contemplative à la vie active.

Le roi partit en effet. Un courrier envoyé d'avance avait annoncé au reste de la communauté que les vœux de l'abbesse avaient été agréés, et que Sa Majesté arriverait seule d'abord, mais bientôt serait suivie de toute sa cour.

Le roi se promettait une grande liesse de cette partie de chasse, faite dans des conditions si nouvelles. Au moment où il allait monter en voiture, on lui remit, de la part de la reine, le numéro du *Moniteur parthénopéen*, qui annonçait la découverte du complot Backer et l'arrestation des deux chefs de ce complot, c'est-à-dire du père et du fils. On se rappelle la grande amitié que le roi avait vouée au jeune André : aussi, sa colère fut-elle double, d'abord de voir découvert un complot qui devait, à la fois, le débarrasser, sans qu'il eût à s'en mêler lui-même, des Français et des jacobins, et ensuite de voir arrêtés les deux hommes qui, au milieu d'une indifférence qu'il n'était point sans avoir remarquée, lui avaient donné de si grandes marques de dévouement.

Par bonheur, les affaires du cardinal et celles de Troubridge, qui allaient à merveille, lui laissaient l'espoir de la vengeance. Il prit sur ses tablettes le nom de Luisa Molina San-Felice, et se jura à lui-même que, s'il remontait jamais sur le trône, la *Mère de la patrie* payerait cher le titre dont l'avait décorée le *Moniteur parthénopéen*.

Par bonheur, chez Ferdinand, les sensations, et

surtout les sensations pénibles, ne persistaient point avec opiniâtreté. Une fois qu'il eut poussé un soupir à l'adresse de Simon et un autre soupir à l'adresse d'André Backer, une fois qu'il se fut promis la mort de la San-Felice, il se livra tout entier aux sensations complétement opposées que devaient faire naître dans son esprit quatre jeunes et jolies religieuses, et une abbesse poussant si loin le respect de la royauté, que les moindres désirs du roi étaient pour elle des ordres aussi sacrés que s'ils lui venaient de Dieu même et lui fussent transmis par l'intermédiaire de ses anges.

Tout le monde connaissait l'ardeur du roi pour la chasse. Aussi fut-on bien étonné à Palerme lorsque, dans la nuit, arriva un courrier annonçant que Sa Majesté, s'étant trouvée un peu fatiguée du voyage, et, ayant besoin de repos, faisait dire, non point que la chasse était contremandée, mais que le départ des autres chasseurs était retardé de quarante-huit heures. Le messager était chargé de rassurer les trop grandes inquiétudes que ce contre-ordre pouvait éveiller à Palerme, en disant que le médecin de la communauté n'avait conçu aucune inquiétude sur la santé du roi, mais avait seulement ordonné des bains aromatisés.

Au moment où le courrier était parti, le roi prenait son premier bain.

La chronique ne dit point si la chambre de l'abbesse, comme celle du président Cardillo, était en face de celle du roi, et si, à quatre heures du matin, Ferdinand eut envie de voir quelle figure faisait une abbesse en cornette de nuit, comme il avait eu envie de voir quelle figure faisait un président en bonnet de coton ; elle se contente de dire que le roi resta une semaine entière au couvent ; que, pendant cinq jours consécutifs, on chassa ; que les chasses furent aussi abondantes que dans les forêts de Persano et d'Asproni ; que le roi s'amusa fort et que les religieuses eurent toutes les distractions qu'elles pouvaient espérer de sa présence royale.

Le roi promit solennellement de revenir, et ce ne fut qu'à cette condition que les saintes colombes écartèrent, pour laisser partir Ferdinand, les ailes sous lesquelles elles l'abritaient.

A moitié route de Caltanizette à Palerme, le roi rencontra un courrier du cardinal. Ce courrier lui apportait une lettre dans laquelle se trouvaient tous les détails de la prise de Cotrone et des horreurs qui avaient été commises. Le cardinal déplorait ces horreurs, s'en excusait auprès du roi et lui disait que, la ville ayant été prise en son absence, il n'avait pu les empêcher.

Il lui demandait aussi ce qu'il devait faire des dix-sept Français qui se trouvaient enfermés dans la citadelle avec les patriotes calabrais.

Le roi ne voulut point tarder à exprimer toute sa satisfaction au cardinal. Une halte avait été fixée pour son dîner à Villafrati.

Sa Majesté demanda une plume et de l'encre, et, de sa propre main, répondit au cardinal la lettre suivante.

Si nous avons eu le regret de ne pouvoir mettre sous les yeux de nos lecteurs la lettre du cardinal Ruffo, nous avons, en échange, la satisfaction de pouvoir leur faire lire la réponse du roi, que nous avons traduite sur l'original lui-même, et dont nous garantissons l'authenticité.

« Villafrati, 5 avril 1799.

» Mon éminentissime, je reçois, sur la route de Caltanizette à Palerme, votre lettre du 26 mars, dans laquelle vous me racontez toutes les affaires de cette malheureuse ville de Crotone. Le sac qu'elle a subi me fait grand'peine, quoique, à vrai dire, entre nous, les habitants méritaient bien ce qui leur est arrivé pour leur rébellion contre moi. C'est pourquoi je vous répète que je veux qu'on ne fasse aucune miséricorde à ceux qui se sont montrés rebelles à Dieu et à moi. Quant aux Français que vous avez trouvés dans la forteresse, j'expédie à l'instant l'ordre qu'ils soient immédiatement renvoyés en France, attendu qu'il faut les regarder comme une race empestée et se garantir de leur contact par l'éloignement.

» A mon tour de vous donner des nouvelles. Deux expéditions m'ont été faites par le commodore Troubridge, une de Procida, qui m'est arrivée dimanche dernier à Caltanizetta, où j'étais *en retraite*, et l'autre avant-hier. Comme personne près de moi ne savait l'anglais, je les ai immédiatement renvoyées à Palerme pour que lady Hamilton me les traduisît. Aussitôt traduites, je vous enverrai la copie de ces lettres. J'espère que les nouvelles qu'elles contiennent et celles que je pourrai recueillir en arrivant, et que je vous enverrai aussitôt, ne vous feront point de peine, d'après ce qu'a pu comprendre Circello, qui baragouine un peu d'anglais. Troubridge demandait qu'on lui envoyât un juge pour juger et condamner les rebelles. J'ai écrit à Cardillo de m'en choisir un de sa main, de sorte que, s'il a exécuté mon ordre et que le juge soit parti lundi, Dieu et le vent aidant, il doit, recommandation étant donnée audit juge de ne pas faire de cérémonie avec les accusés, il doit, dis-je, à cette heure y avoir pas mal de *casicavalli* de faits.

» Je vous recommande, de mon côté, mon éminentissime, d'agir conformément à ce que je vous ai écrit, avec la plus grande activité. *De grands coups de bâton et de petits morceaux de pain font de beaux enfants*, comme dit le proverbe napolitain.

» Nous sommes ici dans la plus grande anxiété, attendant des nouvelles de nos chers petits Russes. S'ils arrivent vite, j'espère qu'en peu de temps nous ferons la noce, et, qu'avec l'aide du Seigneur, nous verrons la fin de cette maudite histoire.

» Je suis au désespoir que le temps continue d'être pluvieux, attendu que la pluie doit nuire à nos opérations. J'espère qu'elle ne nuit pas à votre santé. La nôtre est bonne, Dieu merci! et, fût-elle mauvaise, que les bonnes nouvelles que nous recevons de vous la rendraient meilleure. Que le Seigneur vous conserve et bénisse de plus en plus vos opérations, comme le désire et l'en prie indignement

» Votre affectionné

» FERDINAND B. »

Il y a dans la lettre de Sa Majesté une phrase que nos lecteurs peu habitués à la langue italienne, ou plutôt au patois napolitain, n'ont pas dû comprendre; c'est celle où le roi dit, par manière de plaisanteries : *Si le juge est arrivé, il doit, à cette heure, y avoir pas mal de casicavalli de faits.*

Quiconque s'est promené dans les rues de Naples a vu les plafonds des marchands de fromage garnis d'un comestible de cette espèce qui se fabrique particulièrement en Calabre. Il a la forme d'un énorme navet qui aurait une tête.

Dans une enveloppe très-dure, il contient une certaine quantité de beurre frais, qui grâce à la suppression complète de l'air, peut se maintenir frais pendant des années.

Ces fromages sont pendus par le col.

Le roi, en disant qu'il y a, il l'espère bien, pas mal de *casicavalli* de faits, veut dire tout simplement qu'il espère qu'il y a déjà bon nombre de patriotes pendus.

Quant au proverbe royal : *De grands coups de bâton et de petits morceaux de pain font de beaux enfants*, je crois qu'il n'a pas besoin d'explication. Il n'y a pas de peuple qui n'ait entendu sortir de la bouche de quelqu'un de ses rois un proverbe du même genre et qui n'ait fait sa révolution pour avoir des coups de bâton moins lourds et des morceaux de pain plus gros.

La première chose que demanda, en arrivant à

Palerme, le roi Ferdinand, fut la traduction des lettres de Troubridge.

Cette traduction l'attendait.

Il n'eut donc qu'à la joindre à la lettre qu'il avait écrite au cardinal à Villafratri, et le même messager put tout emporter :

A lord Nelson.

« 3 avril 1799.

» Les couleurs napolitaines flottent sur toutes les îles de Ponsa. Votre Seigneurie n'a jamais assisté à semblable fête. Le peuple est littéralement fou de joie et demande à cor et à cri son monarque bien-aimé. Si la noblesse était composée de gens d'honneur ou d'hommes à principes, rien ne serait plus facile que de faire tourner l'armée du côté du roi. Ayez seulement mille braves soldats anglais, et je vous promets que le roi sera remonté sur son trône dans quarante-huit heures. Je prie Votre Seigneurie de recommander particulièrement au roi le capitaine Cianchi. C'est un brave et hardi marin, un bon et loyal sujet, désireux de faire du bien à son pays. Si toute la flotte du roi de Naples avait été composée d'hommes comme lui, le peuple ne se fût point révolté.

» J'ai à bord un brigand nommé Francesco, ex-officier napolitain. Il a ses propriétés dans l'île d'Ischia. Il tenait le commandement du fort lorsque nous nous en emparâmes. Le peuple a mis en lambeaux son infâme habit tricolore et a arraché ses boutons, qui portaient le bonnet de la Liberté. Étant alors sans habit, il eut l'audace de revêtir son ancien uniforme d'officier napolitain. Mais, tout en lui laissant l'habit, je lui ai arraché les épaulettes et la cocarde, et l'ai forcé à jeter ces objets par-dessus le bord; après quoi, je lui fis l'honneur de le mettre aux doubles fers. Le peuple a mis en morceaux l'arbre de la Liberté et en charpie la bannière qui le surmontait; de sorte que, de cette bannière, je ne puis mettre le plus petit morceau aux pieds de Sa Majesté. Mais, quant à l'arbre de la Liberté, je suis plus heureux : je vous en envoie deux bûches, avec les noms de ceux qui les ont données.

» J'espère que Sa Majesté en fera du feu et s'y chauffera.

» TROUDRIDGE.

» *P.-S.* — J'apprends à l'instant même que Caracciolo *a l'honneur de monter la garde comme simple soldat, et qu'hier il était en sentinelle à la porte du palais. Ils obligent tout le monde, bon gré ou mal gré, à servir.*

» Vous savez que Caracciolo a donné sa démission au roi. »

Nous avons souligné dans le post-scriptum de Troubridge, ce qui a rapport à Caracciolo.

Ces deux phrases, comme on le verra plus tard, si Nelson eût eu la loyauté de produire la lettre de Troubridge, eussent pu avoir une grande influence sur l'esprit des juges lorsqu'on fit son procès à l'amiral.

Voici la seconde lettre de Troubridge; elle porte la date du lendemain :

« 4 avril 1792.

» Les troupes françaises montent à un peu plus de deux mille hommes.

» Elles sont ainsi distribuées :

» 300 soldats à Saint-Elme;

» 200 au château de l'Œuf;

» 1,400 au château Neuf;

» 100 à Pouzzoles;

» 30 à Baïa.

» Leurs combats à Salerne ont été suivis de grandes pertes; pas un de leurs hommes n'est revenu sans blessures. Ils étaient 1,500.

» D'un autre côté, on dit qu'à l'attaque d'une ville nommée Andria, dans les Abruzzes, trois mille Français ont été tués.

» Les Français et les patriotes napolitains se querellent. Il règne entre les uns et les autres une grande défiance. Il arrive souvent que, dans les rondes de nuit, quand l'un crie : « Qui vive ? » et que l'autre répond : « Vive la République! » on échange des coups de feu.

» Votre Seigneurie voit qu'il n'est point prudent de s'aventurer dans les rues de Naples.

» Je reçois à l'instant la nouvelle qu'un prêtre nommé Albavena prêche la révolte à Ischia. J'envoie soixante Suisses et trois cents sujets fidèles pour lui donner la chasse. J'espère l'avoir mort ou vif dans la journée. Je prie en grâce Votre Seigneurie de demander au roi un juge honnête par le retour du *Perséus*; autrement, il me sera impossible de continuer ainsi. Les misérables peuvent être, d'un moment à l'autre, arrachés de mes mains et être mis en morceaux par le peuple. Pour le calmer, il faudrait, au plus vite, pendre une douzaine de républicains. »

Troubridge venait à peine d'expédier ces deux lettres et de perdre de vue le petit aviso grec qui les portait à Palerme, qu'il vit s'avancer vers sa frégate une balancelle venant dans la direction de Salerne.

A tout moment, il lui arrivait de la terre, des

communications importantes. Aussi, après s'être assuré que c'était bien au *Sea-Horse*, qu'il montait, que la barque avait affaire, il attendit qu'elle accostât le bâtiment; ce qu'elle fit après avoir répondu aux questions habituelles en pareille circonstance.

La balancelle était montée par deux hommes, dont l'un prit sur sa tête une espèce de bourriche qu'il apporta sur le pont. Arrivé là, il demanda où était Son Excellence le commodore Troubridge.

Troubridge s'avança. Il parlait un peu italien : il put donc interroger lui-même l'homme à la bourriche.

Celui-ci ne savait pas même ce qu'il apportait. Il était chargé de remettre l'objet, quel qu'il fût, au commodore, et d'en prendre un reçu, comme preuve que lui et son camarade s'étaient acquittés de leur commission.

Avant de donner le reçu, Troubridge voulut savoir ce que contenait le panier. En conséquence, il coupa les ficelles qui retenaient la paille, et, au milieu du double cercle de ses officiers et de ses matelots, attirés par la curiosité, il plongea sa main dans la paille; mais aussitôt il la retira avec un mouvement de dégoût.

Toutes les lèvres s'ouvrirent pour demander ce que c'était; mais la discipline qui règne à bord des bâtiments anglais arrêta la question sur les lèvres.

— Ouvre ce panier, dit Troubridge au matelot qui l'avait apporté, en même temps qu'il s'essuyait les doigts avec un mouchoir de batiste, comme fait Hamlet après avoir tenu dans sa main le crâne d'Yorick.

Le matelot obéit, et l'on vit apparaître d'abord une épaisse chevelure noire.

C'était le contact de cette chevelure qui avait causé au commodore la sensation de dégoût qu'il n'avait pu réprimer.

Mais le marinier n'était point aussi dégoûté que l'aristocrate capitaine. Après la chevelure, il mit à découvert le front, après le front les yeux, après les yeux le reste du visage.

— Tiens, dit-il en la prenant par les cheveux, et en tirant hors du panier qui la contenait et dans lequel elle avait été emballée avec toute sorte de soins une tête fraîchement coupée et reposant délicieusement sur une couche de son, — tiens, c'est la tête de don Carlo Granosio di Gaffoni.

Et, en tirant la tête de son enveloppe, il fit tomber un billet.

Troubridge le ramassa. Il était justement à son adresse.

Il contenait les lignes suivantes (1) :

Au commandant de la station anglaise.

« Salerne, 24 avril au matin.

» Monsieur,

» Comme fidèle sujet de Sa Majesté mon roi Ferdinand, que Dieu garde ! j'ai la gloire de présenter à Votre Excellence la tête de don Carlo Granosio di Gaffoni, qui était employé dans l'administration directe de l'infâme commissaire Ferdinand Ruggi. Ledit Granosio a été tué par moi dans un lieu appelé les Puggi, dans le district de Ponte-Cognaro, tandis qu'il prenait la fuite.

» Je prie Votre Excellence d'accepter cette tête et de vouloir bien considérer mon action comme une preuve de mon attachement à la couronne.

» Je suis, avec le respect qui vous est dû,

» Le fidèle sujet du roi,

» Giuseppe Maniutio Vitella. »

— Une plume et du papier, demanda Troubridge après avoir lu.

---

(1) Inutile de dire que nous ne changeons pas une lettre au billet, et que nous nous contentons d'en donner la traduction.

On lui apporta ce qu'il demandait.

Il écrivit en italien :

« Je soussigné reconnais avoir reçu de M. Giuseppe Maniutio Vitella, par les mains de son messager, la tête en bon état de don Carlo Granosio di Gaffoni, et m'empresse de lui assurer que, par la première occasion, cette tête sera envoyé au roi, à Palerme, qui appréciera, je n'en doute point, un pareil cadeau.

» TROUBRIDGE.

» Le 24 avril 1799, à quatre heures de l'après-midi. »

Il enveloppa une guinée dans le reçu et le donna au marinier, qui se hâta d'aller rejoindre son compagnon, moins pressé probablement de partager la guinée avec lui que de lui raconter l'événement.

Troubridge fit signe à un de ses matelots de prendre la tête par les cheveux, de la réintégrer dans le sac et de remettre la bourriche dans l'état où elle était avant d'être ouverte.

Puis, lorsque l'opération fut terminée :

— Porte cela dans ma cabine, dit-il.

Et, avec ce flegme qui n'appartient qu'aux Anglais et un mouvement d'épaules qui n'appartenait qu'à lui :

— Un gai compagnon, dit-il. Quel malheur qu'il faille s'en séparer !

Et, en effet, l'occasion s'étant trouvée, le lendemain, d'envoyer un bâtiment à Palerme, le précieux cadeau de don Giuseppe Maniutio Vitella fut expédié à Sa Majesté.

XLVII

ETTORE CARAFFA

On se rappelle que le commodore Troubridge, dans sa lettre à lord Nelson, parlait de deux échecs éprouvés par les patriotes napolitains unis aux Français, l'un devant la ville d'Andria, l'autre du côté de Salerne.

Cette nouvelle, dont une moitié était fausse et l'autre vraie, était la conséquence du plan arrêté, on se le rappelle, entre Manthonnet, ministre de la guerre de la République, et Championnet, général en chef des armées françaises.

On se rappelle que, depuis ce temps, Championnet avait été rappelé pour rendre compte de sa conduite.

Mais, lorsque Championnet quitta Naples, les deux colonnes étaient déjà en route.

Comme chacune d'elles est conduite par un de nos principaux personnages, nous allons les suivre, l'une dans sa marche triomphale, l'autre dans ses désastres.

La plus forte de ces deux colonnes, composée de six mille Français et de mille Napolitains, avait été dirigée sur les Pouilles. Il s'agissait de reconquérir le grenier de Naples, bloqué par la flotte anglaise et presque entièrement tombé au pouvoir des bourboniens.

Les six mille Français étaient commandés par le général Duhesme, à qui nous avons vu faire des prodiges de valeur dans la campagne contre Naples, et les mille Napolitains par un des premiers personnages de cette histoire que nous avons mis sous les yeux de nos lecteurs, par Ettore Caraffa, comte de Ruvo.

Le hasard fit que la première ville contre laquelle la colonne franco-napolitaine dut marcher, était Andria, l'antique fief de sa famille, dont, comme l'aîné, il se trouvait comte.

Andria était bien fortifiée; mais Ruvo espéra qu'une ville qui l'avait pour seigneur ne résisterait point à sa parole. Il employa, en conséquence, tous les moyens, entama toutes les négociations pour déterminer les habitants à adopter les principes républicains. Tout fut inutile, et il vit bien qu'il serait forcé d'employer vis-à-vis d'eux les derniers arguments des rois qui veulent rester tyrans, des peuples esclaves qui veulent devenir libres, la poudre et le fer.

Mais, avant de s'emparer d'Andria, il fallait occuper San-Severo.

Les bourboniens réunis à San-Severo avaient pris le titre d'armée coalisée de la Pouille et des Abruzzes. Cette agglomération d'hommes, qui pouvait monter à 12,000 individus, se composait du triple élément qui formait toutes les armées sanfédistes de cette époque, c'est-à-dire des restes de l'armée royaliste de Mack, des forçats que le roi avait mis en liberté avant de quitter Naples (1), pour mêler au peuple qu'il abandonnait l'effroyable dissolvant du crime, et de quelques royalistes purs qui affrontaient ce voisinage par enthousiasme de leur opinion.

---

(1) A ceux qui douteraient de cette sympathie de Ferdinand Ier pour les forçats, nous répondrons par un extrait d'une de ses lettres au cardinal Ruffo :

« A Civita-Vecchia, *nos bons forçats* continuent de se défendre, et les Français réunis aux Cisalpins, ayant donné l'assaut, ont été bravement repoussés par eux. Seul, le saint empereur ne bouge point. »

Cette troupe, qui avait abandonné San-Severo, parce que la ville n'offrait point à ses défenseurs une forte position, avait occupé une colline dont le choix dénonçait, chez les chefs qui la commendaient, quelques connaissances militaires. C'était un monticule planté de lauriers qui dominait une large et longue plaine. L'artillerie des sanfédistes commandait tous les débouchés par lesquels on pouvait entrer dans la plaine, où manœuvrait une belle et nombreuse cavalerie.

Le 25 février, Duhesme avait laissé à Foggia, pour garder ses derrières, Broussier et Hector Caraffa, et avait marché sur San-Severo.

En s'approchant des bourboniens, Duhesme se contenta de leur faire dire :

— A Bovino, j'ai fait fusiller les révoltés et trois soldats coupables de vol ; il en sera de même de vous : aimez-vous mieux la paix ?

Les bourboniens répondirent :

— Et nous, nous avons fusillé les républicains, les citoyens et les prêtres patriotes qui demandaient la paix ; rigueur pour rigueur : la guerre !

Le général divisa sa troupe en trois détachements : l'un marcha sur la ville ; les deux autres enveloppèrent la colline, afin qu'aucun sanfédiste ne pût s'échapper.

4.

Le général Forest, qui commandait un des deux détachements, arriva le premier. Il avait cinq cents hommes, à peu près, sous ses ordres, tant en infanterie qu'en cavalerie.

En voyant ces cinq cents hommes et en calculant qu'ils étaient plus de douze mille, les sanfédistes firent sonner le tocsin à San-Severo et descendirent à leur rencontre dans la plaine.

Le détachement français, en voyant cette avalanche d'hommes descendre de la colline, se forma en bataillon carré et s'apprêta à la recevoir sur ses baïonnettes. Mais l'attaque n'avait pas encore commencé, que l'on entendit une vive fusillade qui retentissait dans San-Severo même, et que l'on vit, par une porte, déboucher les fugitifs.

C'était Duhesme en personne qui avait attaqué la ville, qui s'en était emparé et qui apparaissait du côté opposé à Forest.

Cette apparition changeait la face du combat. Les sanfédistes furent obligés de se diviser en deux troupes. Mais, au moment où ils venaient d'achever ce mouvement et où ils commençaient le combat, la troisième colonne apparaissait d'un troisième côté et achevait d'envelopper les bourboniens.

Ceux-ci, se voyant pris dans un triangle de feu, essayèrent de regagner leur première position, imprudemment abandonnée ; mais de trois côtés le tambour battit, et les Français s'élancèrent sur les sanfédistes au pas de charge.

Dès que la terrible baïonnette put faire son œuvre sur cette troupe massée en désordre au haut de la colline, ce ne fut plus un combat, ce fut une boucherie.

Duhesme avait à venger trois cents patriotes égorgés et l'insolente réponse faite à son parlementaire.

Les trompettes continuèrent de sonner, donnant le signal de l'extermination. Le carnage dura trois heures. Trois mille cadavres demeurèrent sur le champ de bataille, et, trois heures après, on en eût compté le double si, tout à coup, pareilles à ces Romaines qui vinrent implorer Coriolan, un groupe de femmes tenant leurs enfants par la main ne fût sortie de San-Severo et, en habits de deuil, ne fût venue implorer la pitié des Français.

Duhesme avait juré de brûler San-Severo ; mais, à la vue de cette grande douleur des filles, des sœurs, des mères et des épouses, Duhesme fit grâce.

Cette victoire eut un grand résultat et produisit un grand effet. Tous les habitants du Gargano, du mont Taburne et du Corvino envoyèrent des députations et donnèrent des otages en signe de soumission.

Duhesme envoya à Naples les drapeaux pris à la cavalerie. Quant aux étendards, c'était tout simplement des devants d'autel.

San-Severo pris, il ne restait plus aux bourboniens de position importante qu'Andria et Trani.

Nous avons dit que l'expédition était partie quand Championnet était encore commandant en chef des troupes françaises à Naples; nous avons assisté à son rappel et dit dans quelles conditions il avait été rappelé.

Quelques jours après le combat de San-Severo, Macdonald, ayant été nommé général en chef à la place de Championnet, appela Duhesme près de lui.

Broussier remplaça Duhesme et eut la direction des mouvements qui devaient s'opérer sur Andria et Trani. Il réunit aux 17e et 64e demi-brigades les grenadiers de la 76e, la 16e de dragons, six pièces d'artillerie légère, un détachement venu des Abruzzes sous le commandement du chef de brigade Berger, et la légion napolitaine d'Hector Caraffa, qui brûlait de combattre à son tour, n'ayant point pris part aux derniers événements.

Andria et Trani avaient restauré leurs fortifications, et aux vieux ouvrages qui les défendaient en avaient ajouté de nouveaux ; excepté une seule, toutes leurs portes étaient murées, et, derrière chacune d'elles, on avait creusé un large fossé, entouré d'un large parapet ; les rues étaient coupées et barricadées, les maisons crénelées, et les portes de ces maisons blindées.

Le 21 mars, on marcha contre Andria. Le lendemain, au point du jour, la ville était enveloppée, et les dragons, sous les ordres du chef de brigade Leblanc, furent placés de manière à interrompre les communications entre Andria et Trani.

Une colonne formée de deux bataillons de la 17º demi-brigade et de la légion Caraffa fut chargé de l'attaque de la porte Camazza, tandis que le général Broussier devait attaquer celle de Trani, et que l'aide de camp du général Duhesme, Ordonneau, guéri de la blessure qu'il avait reçue à l'attaque de Naples, s'avançait par la porte Barra.

Nous avons dit ce qu'était Hector Caraffa, homme de guerre, général et soldat à la fois, mais plus soldat que général, cœur de lion dont le champ de bataille était la véritable patrie. Il prit non-seulement le commandement, mais la tête de sa colonne, saisit d'une main son épée nue, de l'autre la bannière rouge, jaune et bleue, s'avança jusqu'au pied des murailles au milieu d'une grêle de balles, prit avec une échelle la mesure du rempart, la dressa sur le point dont elle atteignait le sommet, et, criant : « Qui m'aime me suive! » il commença, comme un héros d'Homère ou du Tasse, de monter le premier à l'assaut.

La lutte fut terrible. Hector Caraffa, l'épée aux dents, portant d'une main sa bannière, se tenant de l'autre au montant de son échelle, gravissait, échelon par échelon, sans que les projectiles de toute espèce que l'on faisait pleuvoir sur lui eussent le pouvoir de l'arrêter.

Enfin, il saisit un créneau que rien ne parvint à lui faire lâcher.

Un moulinet de son épée fit un grand cercle vide autour de lui, et, au milieu de ce cercle vide, on vit Hector Caraffa plantant le premier la bannière tricolore sur les murs d'Andria.

Pendant qu'Hector Caraffa, suivi de quelques hommes à peine, s'emparait de la muraille, et, malgré les efforts d'une troupe dix fois plus considérable que la sienne, s'y maintenait, un obus effondrait la porte de Trani, et, par cette ouverture, les Français se ruaient dans la ville.

Mais, derrière la porte, ils trouvèrent le fossé,

dans lequel ils se précipitèrent, mais qu'ils eurent comblé en un instant.

Alors, s'aidant les uns les autres, les blessés prêtant leurs épaules à ceux qui ne l'étaient pas, avec cette furie française à laquelle rien ne résiste, les soldats de Broussier franchirent le fossé, s'élancèrent dans les rues au pas de course, à travers une grêle de balles, qui partant de toutes les maisons, tua en quelques minutes plus de douze officiers et de cent soldats, et pénétrèrent jusqu'à la grande place, où ils s'établirent.

Hector Caraffa et sa colonne vinrent les y joindre : Hector était ruisselant du sang des autres et du sien.

La colonne d'Ordonneau, qui n'avait pu entrer par la porte de Barra, laquelle était murée, entendant la fusillade dans l'intérieur de la ville, en conclut que Broussier ou Hector Caraffa avaient trouvé une brèche et en avaient profité. Elle se mit donc à faire au pas de course le tour de la ville, trouva la porte de Trani enfoncée et entra par la porte de Trani.

Sur la place, où se trouvaient réunies, après le terrible combat que nous avons essayé de décrire, les trois colonnes françaises et la colonne napolitaine, s'expliqua cette rage frénétique qui avait animé les habitants d'Andria, et dont nous ne donnerons qu'un seul exemple.

Douze hommes barricadés dans une maison étaient assiégés par un bataillon entier.

Sommés trois fois de se rendre, ils refusèrent trois fois.

On fit venir de l'artillerie et l'on fit crouler la maison sur eux. Tous furent écrasés, mais pas un ne se rendit.

Cette explication, la voici :

Un autel surmonté d'un grand crucifix était dressé sur la place, et, la veille du combat, le Christ, au point du jour, avait été trouvé tenant une lettre à la main. Cette lettre, signée : JÉSUS, disait que ni les boulets ni les balles des Français n'avaient de pouvoir sur les habitants d'Andria, et annonçait un renfort considérable.

Et, en effet, pendant la soirée, quatre cents hommes du corps qui se réunissait à Bitonto arrivèrent, confirmant la prédiction faite par la lettre de Jésus, et se réunirent aux assiégés ou plutôt à ceux qui devaient l'être le lendemain.

La défense, on l'a vu, fut acharnée. Les Français et les Napolitains laissèrent au pied des murailles trente officiers et deux cent cinquante sous-officiers et soldats. Deux mille hommes, du côté des bourboniens, furent passés au fil de l'épée.

Hector Caraffa fut le héros de la journée.

Le soir, il y eut conseil de guerre. Hector Caraffa, comme Brutus condamnant ses fils, vota pour la destruction complète de la ville et demanda qu'Andria, son fief, fût réduite en cendres, auto-da-fé expiatoire et terrible.

Les chefs français combattirent cette proposition, dont l'âpre patriotisme les effrayait ; mais la voix de Caraffa l'emporta sur la leur : Andria fut condamnée à l'incendie, et, de la même main qu'il avait dressé l'échelle contre les murailles d'Andria, Hector Caraffa porta la torche au pied de ses maisons.

Restait Trani, Trani qui, loin de s'effrayer du sort d'Andria, redoublait d'énergie et de menaces.

Broussier marcha contre elle avec sa petite armée, diminuée de plus de cinq cents hommes par les deux combats de San-Severo et d'Andria.

Trani était mieux fortifiée qu'Andria : elle était considérée comme le boulevard de l'insurrection et comme la principale place d'armes des révoltés, ceinte d'une muraille bastionnée, protégée par un fort régulier et défendue par plus de huit mille hommes. Ces huit mille hommes, habitués aux armes, étaient des marins, des corsaires, d'anciens soldats de l'armée napolitaine.

Dans une autre époque et dans un temps de guerre stratégique, Trani eût peut-être obtenu les honneurs d'un siége régulier ; mais le temps et les hommes manquaient, et il fallait substituer les coups de main hasardeux aux combinaisons habiles. Et cependant Trani ne laissait pas que d'inquiéter le chef de l'expédition, qui opposait à la confiance de Caraffa une garnison de huit mille hommes commandés par d'excellents officiers, à l'abri derrière de bonnes murailles, sans compter dans le port une flottille composée de barques et de chaloupes canonnières. Mais à toutes les objections de Broussier, Hector Caraffa répondait :

— Du moment qu'il y aura une échelle assez haute pour atteindre les murailles de Trani, je prendrai Trani comme j'ai pris Andria.

Broussier se rendit, convaincu par cette héroïque confiance. Il fit avancer l'armée sur trois colonnes et par trois chemins différents pour bloquer complétement la ville. Dans la journée du 1er avril, les avant-postes s'en approchèrent à un tir de pistolet.

La nuit vint, et on l'occupa à établir différentes batteries de brèche.

Ettore Caraffa demanda à ne point entrer dans

les combinaisons générales et à suivre son inspiration en disposant à sa volonté de ses hommes.

La chose lui fut accordée.

Le 2 avril, au point du jour, les batteries commencèrent à tirer du côté de Biseglia.

Quant à Hector et à ses hommes, ils avaient, bien avant le point du jour, contourné les murailles et étaient arrivés, sans reconnaître aucun endroit faible, de l'autre côté de Trani, jusque sur la plage de la mer.

Là, le comte de Ruvo s'arrêta, fit cacher ses hommes, se dépouilla de ses habits et se jeta à la mer pour aller faire une reconnaissance.

L'attaque générale était dirigée, comme nous l'avons dit, par Broussier en personne. Il s'avança avec quelques compagnies de grenadiers, soutenues par la 64º demi-brigade, portant avec elle des fascines pour combler les fossés et des échelles pour escalader les murs.

Les assiégés avaient deviné le projet du général et s'étaient portés en masse sur la partie de la muraille menacée par lui, de sorte qu'à peine à portée de fusil, il fut assailli par une avalanche de balles qui renversa presque toute la file de ses grenadiers et tua le capitaine au milieu de ses soldats.

Les grenadiers, étourdis par la violence du feu et

par la chute de leur capitaine, hésitèrent un instant.

Broussier ordonna de continuer de marcher contre les murailles, mit le sabre à la main et donna l'exemple.

Mais, tout à coup, on entendit une vive canonnade du côté de la mer, et un grand trouble se manifesta chez les défenseurs des murailles.

Un de ceux-ci, coupé en deux par un boulet, tomba des créneaux dans le fossé.

D'où venaient ces boulets qui tuaient les assiégés sur leurs propres remparts ?

De Caraffa, qui tenait sa parole.

Il était, comme nous l'avons dit, parvenu jusque sur la plage, avait dépouillé ses vêtements et s'était jeté à la mer pour faire une reconnaissance.

Il avait, dans cette reconnaissance, découvert un petit fortin caché parmi les écueils, qui, n'étant point menacé, puisqu'il s'élevait du côté de la mer, lui parut mal gardé.

Il revint vers ses compagnons et demanda vingt hommes de bonne volonté, tous nageurs.

Il s'en présenta quarante.

Hector leur ordonna de ne conserver que leur caleçons, de lier leur giberne sur leur tête, de prendre leur sabre entre leurs dents, de tenir leur fusil de la main gauche, de nager de la droite, et, en restant couverts le plus possible, de s'avancer vers le fortin.

Entièrement nu, Hector leur servait de guide, les encourageant, les soutenant sous les épaules quand l'un ou l'autre était fatigué.

Ils atteignirent ainsi le pied des murailles, trouvèrent un vieux mur troué, passèrent par le trou, et, se suspendant aux aspérités de la pierre, atteignirent la crête du bastion, avant d'avoir été éventés par les sentinelles, qui furent poignardées sans qu'elles eussent eu le temps de jeter un seul cri.

Hector et ses hommes se précipitèrent dans l'intérieur du bastion, tuèrent tout ce qui s'y trouvait, tournèrent immédiatement les canons sur la ville et firent feu (1).

C'était le boulet sorti d'un de ces canons qui avait coupé en deux et précipité du haut des murailles le soldat bourbonien dont la mort et la chute avaient fait penser à bon droit à Broussier qu'il se passait quelque chose d'extraordinaire dans la ville.

En voyant venir l'attaque du côté où ils avaient placé la défense, la mort du point même où ils atten-

(1) Ce coup de main si hardi et si heureux m'a été raconté par le général Exelmans, qui, aide de camp à cette époque, faisait partie des quarante nageurs et entra le second dans le fortin.

daient leur salut, les bourboniens poussèrent de grand cris et s'élancèrent du côté d'où venaient ces nouveaux assaillants, déjà renforcés de ceux de leurs compagnons qu'ils avaient laissés sur la plage. De leur côté, les grenadiers, sentant faiblir la défense, reprirent l'offensive, marchèrent contre la muraille, y appuyèrent les échelles et donnèrent l'assaut. Après un combat d'un quart d'heure, les Français, vainqueurs, couronnaient les murailles, et Hector Caraffa, nu comme le Romulus de David, guidant ses compagnons demi-nus et tout ruisselants d'eau, s'élançait dans une des rues de Trani ; car être maître des murailles et des bastions, ce n'était point être maître de la ville.

En effet, les maisons étaient crénelées.

Cette fois encore, le comte de Ruvo indiqua par l'exemple une autre manière d'attaque. On escalada les maisons comme on avait fait des murailles ; on éventra les terrasses, et, par les toits, on se laissa glisser dans les intérieurs. On combattait en l'air d'abord, comme ces fantômes que Virgile vit annonçant la mort de César ; puis, de chambre en chambre, d'escalier en escalier, corps à corps, à la baïonnette, arme la plus familière aux Français, la plus terrible à leurs ennemis.

Après trois heures d'une lutte acharnée, les armes

tombèrent des mains des assaillants : Trani était prise. Un conseil de guerre se réunit. Broussier inclinait à la clémence. Nu encore, couvert de poussière, tout marbré du sang ennemi et du sien, son sabre faussé et ébréché à la main, Hector Caraffa, comme un autre Brennus, jeta son avis dans la balance, et, cette fois encore, il l'emporta. Son avis était : Mort et incendie. Les assiégés furent passés au fil de l'épée, la ville fut réduite en cendres.

Les troupes françaises laissèrent Trani fumante encore. Le comte de Ruvo, comme un juge armé de la vengeance des dieux, en sortit avec eux, et avec eux sillonna la Pouille, laissant sur ses pas la ruine et la dévastation, qu'à l'autre extrémité de l'Italie méridionale répandaient, de leur côté, les soldats de Ruffo. Quand les insurgés imploraient sa pitié pour les cités rebelles : « Ai-je épargné ma propre ville ? » répondait-il. Quand ils lui demandaient la vie, il leur montrait ses blessures, dont toujours quelques-unes étaient assez fraîches pour que le sang en coulât encore, et il répondait en frappant : « Ai-je épargné ma prope vie ? »

Mais, en même temps qu'arrivait à Naples la nouvelle de la triple victoire de Duhesme, de Broussier et d'Hector Caraffa, on y apprenait la défaite de Schipani.

XLVIII

SCHIPANI

Nous avons dit qu'en même temps qu'Hector Caraffa avait été envoyé contre de Cesare, Schipani avait été envoyé contre le cardinal.

Schipani avait été nommé au poste élevé de chef de corps, non point à cause de ses talents militaires, car, quoique entré jeune au service, il n'avait jamais eu l'occasion de combattre, mais à cause de son patriotisme bien connu et de son courage incontestable. — Nous l'avons vu à l'œuvre, conspirant sous le poignard des sbires de Caroline. — Mais les vertus du citoyen, le courage du patriote ne sont que des qualités secondaires sur le champ de bataille, et, à, mieux vaut le génie du douteux Dumouriez que l'honnêteté de l'inflexible Roland.

Aussi lui avait-il été expressément recommandé par Manthonnet de ne point livrer bataille, de se contenter de garder les défilés de la Basilicate, comme Léonidas avait gardé les Thermopyles et d'arrêter purement et simplement la marche de Ruffo et de ses sanfédistes.

Schipani, plein d'enthousiasme et d'espérance, traversa Salerne et plusieurs autres villes amies sur lesquelles flottait la bannière de la République.

La vue de cette bannière faisait bondir son cœur de joie ; mais, un jour, il arriva au pied du village de Castelluccio, sur le clocher duquel flottait la bannière royale.

Le blanc produisait sur Schipani l'effet que produit le rouge sur les taureaux.

Au lieu de passer en détournant les yeux, au lieu de continuer son chemin vers la Calabre, au lieu de couper aux sanfédistes les défilés des montagnes qui conduisent de Cosenza à Castrovillari, comme la chose lui était expressément recommandée, il se laissa emporter à la colère et voulut punir Castelluccio de son insolence.

Malheureusement, Castelluccio, misérable village contenant quelques milliers d'hommes seulement, était défendu par deux puissances : l'une visible, l'autre invisible.

La puissance visible était sa position ; la puissance invisible était le capitaine, ou plutôt l'huissier Sciarpa.

5.

Sciarpa, un des hommes dont la renommée s'est élevée à la hauteur de celles des Pronio, des Mammone, des Fra-Diavolo, était encore complétement inconnu à cette époque.

Comme nous l'avons dit, il avait occupé un des bas emplois du barreau de Salerne. La révolution venue, la république proclamée, il en adopta les principes avec ardeur et demanda à passer dans la gendarmerie.

D'huissier à gendarme, peut-être pensait-il qu'il n'y avait que la main à étendre, qu'un pas à faire.

A sa demande, il reçut cette imprudente réponse :

« Les républicains n'ont pas besoin des sbires dans leurs rangs. »

Peut-être, de leur côté, les républicains pensaient-ils que, d'huissier à sbire, il n'y avait que la main.

Ne pouvant offrir son sabre à Manthonnet, il offrit son poignard à Ferdinand.

Ferdinand était moins scrupuleux que la République. il prenait de toute main, tout était bon pour lui, et, moins ses défenseurs avaient à perdre, plus, pensait-il, il avait, lui, à gagner.

La fatalité voulut donc que Sciarpa se trouvât commander le petit détachement sanfédiste qui occupait Castelluccio.

Schipani pouvait sans crainte laisser Castelluccio en arrière : il n'y avait pas de danger que la contre-révolution qu'il renfermait s'étendît au dehors : tous les villages qui l'environnaient étaient patriotes.

On pouvait réduire Castelluccio par la faim. Il était facile de bloquer ce village, qui n'avait que pour trois ou quatre jours de vivres, et qui était en hostilité avec tous les villages voisins.

En outre, pendant le blocus, on pouvait transporter de l'artillerie sur une colline qui le dominait, et, de là, le réduire par quelques coups de canon.

Malheureusement, ces conseils étaient donnés à un homme incapable de les comprendre par les habitants de Rocca et d'Albanetta. Schipani était une espèce de Henriot calabrais, plein de confiance en lui-même et qui eût cru descendre du piédestal où la République l'avait mis en suivant un plan qui ne venait pas de lui.

Il pouvait, en outre, accepter l'offre des habitants de Castelluccio, qui déclaraient être tout prêts à se réunir à la République et à arborer la bannière tricolore, pourvu que Schipani ne leur fît point la honte de passer en vainqueur par leur ville.

Enfin il pouvait traiter avec Sciarpa, homme de bonne composition, qui lui offrait de réunir ses troupes à celles de la République, *pourvu qu'on lui payât sa défection d'un prix équivalant à ce qu'il pouvait perdre en abandonnant la cause des Bourbons.*

Mais Schipani répondit :

— Je viens pour faire la guerre et non pour négocier : je ne suis point un marchand, je suis un soldat.

Le caractère de Schipani une fois connu du lecteur, on peut comprendre que son plan pour s'emparer de Castelluccio, fut bientôt fait.

Il ordonna d'escalader les sentiers à pic qui conduisaient de la vallée au village.

Les habitants de Castelluccio étaient réunis dans l'église, attendant une réponse aux propositions qu'ils avaient faites.

On leur rapporta le refus de Schipani.

Les localités sont pour beaucoup dans les résolutions que les hommes prennent.

Paysans simples, et croyant, en réalité, que la cause de Ferdinand était celle de Dieu, les habitants de Castelluccio s'étaient réunis dans l'église pour y recevoir l'inspiration du Seigneur.

Le refus de Schipani outrageait leurs deux croyances.

Au milieu du tumulte qui suivit le rapport du

messager, Sciarpa escalada la chaire et demanda la parole.

On ignorait ses négociations avec les républicains : aux yeux des habitants de Castelluccio, Sciarpa était l'homme pur.

Le silence se fit donc comme par enchantement, et la parole lui fut accordée à l'instant même.

Alors, sous la voûte sainte aux arcades sonores, il éleva la voix et dit :

— Frères! vous n'avez plus maintenant que deux partis à prendre : ou fuir comme des lâches, ou vous défendre en héros. Dans le premier cas, je quitterais la ville avec mes hommes et me réfugierais dans la montagne, vous laissant la défense de vos femmes et de vos enfants; dans le second cas, je me mettrai à votre tête, et, avec l'aide de Dieu, qui nous écoute et nous regarde, je vous conduirai à la victoire. Choisissez!

Un seul cri répondit à ce discours, si simple et, par conséquent, si bien fait pour ceux auxquels il s'adressait :

— La guerre!

Le curé, au pied de l'autel, dans ses habits d'officiant, bénit les armes et les combattants.

Sciarpa fut, à l'unanimité, nommé commandant en chef, et on lui laissa le soin du plan de bataille.

Les habitants de Castellucio mirent leur ville sous sa garde et leur vie à sa disposition.

Il était temps. Les républicains n'étaient plus qu'à une centaine de pas des premières maisons; ils arrivaient à l'entrée du village, haletants, exténués de cette montée rapide. Mais, là, avant qu'ils eussent eu le temps de se remettre, ils furent accueillis par une grêle de balles lancées de toutes les fenêtres par un ennemi invisible.

Cependant, si l'ardeur de la défense était vive, l'acharnement de l'attaque était terrible. Les républicains ne plièrent même pas sous le feu; ils continuèrent de marcher en avant, guidés par Schipani, tenant la tête de la colonne, son sabre à la main. Il y eut alors un instant, non pas de lutte, mais d'obstination à mourir. Cependant, après avoir perdu un tiers de ses hommes, force fut à Schipani de donner l'ordre de battre en retraite.

Mais à peine lui et ses hommes avaient-ils fait deux pas en arrière, que chaque maison sembla vomir des adversaires, formidables quand on ne les voyait pas, plus formidables encore quand on les vit. La troupe de Schipani ne descendit point : elle roula jusqu'au fond de la vallée, avalanche humaine poussée par la main de la mort, laissant sur le versant rapide de la montagne une telle quantité de morts et de blessés, qu'en dix endroits différents le sang coulait en ruisseau comme s'il sortait d'une source.

Heureux ceux qui furent tués roides et qui tombèrent sans souffle sur le champ de bataille! Ils ne subirent pas la mort lente et terrible que la férocité des femmes, toujours plus cruelles que les hommes en pareille circonstance, infligeait aux blessés et aux prisonniers.

Un couteau à la main, les cheveux au vent, l'injure à la bouche, on voyait ces furies, pareilles aux magiciennes de Lucain, errer sur le champ de bataille et pratiquer, au milieu des rires et des insultes, les mutilations les plus obscènes.

A ce spectacle inouï, Schipani devint insensé, plus de rage que de terreur, et, avec sa colonne diminuée de plus d'un tiers, il revint sur ses pas et ne s'arrêta qu'à Salerne.

Il laissait le chemin libre au cardinal Ruffo.

Celui-ci s'approchait lentement, mais sûrement et sans faire un seul pas en arrière. Seulement, le 6 avril, il avait failli être victime d'un accident.

Sans aucun symptôme qui pût faire prévoir cet accident, son cheval s'était cabré, avait battu l'air de ses jambes de devant et était retombé mort. Excellent cavalier, le cardinal avait saisi le moment, et, en **sautant** à terre, avait évité d'être pris sous le corps du cheval.

Le cardinal, sans paraître attacher aucune importance à cet accident, se fit amener un autre cheval, se mit en selle et continua son chemin.

Le même jour, on arriva à Cariati, où Son Éminence fut reçue par l'évêque.

Ruffo était à table avec tout son état-major, lorsqu'on entendit dans la rue le bruit d'une troupe nombreuse d'hommes armés arrivant en désordre avec de grands cris de « Vive le roi ! vive la religion ! » Le cardinal se mit au balcon et recula d'étonnement.

Quoique habitué aux choses extraordinaires, il ne s'attendait pas à celle-ci.

Une troupe de mille hommes à peu près, ayant colonel, capitaines, lieutenants et sous-lieutenants, vêtus de jaune et de rouge, boitant tous d'une jambe, venaient se joindre à l'armée de la sainte foi.

Le cardinal reconnut des forçats. Les habillés de jaune, qui représentaient les voltigeurs, étaient les condamnés à temps; les rouges, qui représentaient les grenadiers et, par conséquent, avaient le privilége de marcher en tête, étaient les condamnés à perpétuité.

Ne comprenant rien à cette formidable recrue, le

cardinal fit appeler leur chef. Leur chef se présenta. C'était un homme de quarante à quarante-cinq ans, nommé Panedigrano, condamné aux travaux forcés à perpétuité pour huit ou dix meurtres et autant de vols.

Ces détails lui furent donnés par le forçat lui-même avec une merveilleuse assurance.

Le cardinal lui demanda alors à quelle heureuse circonstance il devait l'honneur de sa compagnie et de celle de ses hommes.

Panedrigano raconta alors au cardinal que, lord Stuart étant venu prendre possession de la ville de Messine, il avait jugé inconvenant que les soldats de la Grande-Bretagne logeassent sous le même toit que des forçats.

En conséquence, il avait mis ces derniers à la porte, les avait entassés sur un bâtiment, leur avait laissé la faculté de nommer leurs chefs et les avait débarqués au Pizzo, en leur faisant ordonner par le capitaine de la felouque de continuer leur route jusqu'à ce qu'ils eussent rejoint le cardinal.

Le cardinal rejoint, ils devaient se mettre à sa disposition.

C'est ce que fit Panedigrano avec toute la grâce dont il était capable.

Le cardinal était encore tout étourdi du singulier

cadeau que lui faisaient ses alliés les Anglais, lorsqu'il vit arriver un courrier porteur d'une lettre du roi.

Ce courrier avait débarqué au golfe de Sainte-Euphémie, et il apportait au cardinal la nouvelle que Panedigrano venait de lui transmettre de vive voix. Seulement, le roi, ne voulant pas accuser ses bons alliés les Anglais, rejetait la faute sur le commandant Danero, déjà bouc émissaire de tant d'autres méfaits.

Quoique la rougeur ne montât pas facilement au visage de Ferdinand, cette fois il avait honte de l'étrange cadeau que faisait, soit lord Stuart, soit Danero, à son vicaire général, c'est-à-dire à son *alter ego,* et il lui écrivait cette lettre dont nous avons eu l'original entre les mains.

« Mon éminentissime, combien j'ai été heureux de votre lettre du 20, qui m'annonce la continuation de nos succès et le progrès que fait notre sainte cause ! Cependant, cette joie, je vous l'avoue, est troublée par les sottises que fait Danero, ou plutôt que lui font faire ceux qui l'entourent. Parmi beaucoup d'autres, je vous signalerai celle-ci :

» Le général Stuart ayant demandé de mettre les forçats hors de la citadelle pour y loger ses troupes, le Danero, au lieu de suivre l'ordre que je lui avais donné d'envoyer les susdits forçats sur la plage de Gaete, a eu l'intelligence de les jeter en Calabre, à seule fin probablement de vous troubler dans vos opérations et de gâter par le mal qu'ils feront le bien que vous faites. Quelle idée vont se faire de moi mes braves et fidèles Calabrais quand ils verront qu'en échange des sacrifices qu'ils s'imposent pour la cause royale, leur roi leur envoie cette poignée de scélérats pour dévaster leurs propriétés et inquiéter leurs familles ? Je vous jure, mon éminentissime, que, de ce coup, le misérable Danero a failli perdre sa place, et que je n'attends que le retour de lord Stuart à Palerme pour frapper un coup de vigueur, après m'être concerté avec lui.

» Par des lettres venues sur un vaisseau anglais, de Livourne, nous avons appris que l'empereur avait enfin rompu avec les Français. Il faut nous en féliciter, quoique les premières opérations n'aient pas été des plus heureuses.

» Par bonheur, il y a toute chance que le roi de Prusse s'unisse à la coalition en faveur de la bonne cause.

» Que le Seigneur vous bénisse, vous et vos opérations, comme le prie indignement

» Votre affectionné,

» FERDINAND B. »

Mais, dans le post-scriptum, le roi revient sur la mauvaise opinion qu'il a exprimée à l'endroit des forçats en faisant un retour sur les mérites de leur chef.

« *P.-S.* — Il ne faudrait cependant point trop mépriser les services que peut rendre le nommé Panedigrano, chef de la troupe qui va vous rejoindre. Danero prétend que c'est un ancien militaire et qu'il a servi avec zèle et intelligence au camp de San-Germano. Son véritable nom est Nicolo Gualtieri. »

Les craintes du roi relativement aux honorables auxiliaires qu'avait reçus le cardinal n'étaient que trop fondées. Comme la plupart d'entre eux étaient Calabrais, la première chose qu'ils firent fut d'acquitter certaines dettes de vengeance privée. Mais, au deuxième assassinat qui lui fut dénoncé, le cardinal fit faire halte à l'armée, enveloppa ces mille forçats avec un corps de cavalerie et de campieri baroniaux, fit tirer des rangs les deux meurtriers et les fit fusiller à la vue de tous.

Cet exemple produisit le meilleur résultat, et, le lendemain, Panedigrano vint dire au cardinal que, si l'on voulait donner une solde raisonnable à ses hommes, il répondait d'eux corps pour corps.

Le cardinal trouva la demande trop juste. Il leur fit faire sur le pied de vingt-cinq grains par jour, c'est-à-dire d'un franc, un rappel à partir du jour où ils s'étaient organisés et avaient nommé leurs chefs, avec promesse que cette solde de vingt-cinq grains leur serait continuée tant que durerait la campagne.

Seulement, comme les casaques et les bonnets jaunes et rouges donnaient un cachet par trop caractéristique à ce corps privilégié, on leva une contribution sur les patriotes de Cariati pour leur donner un uniforme moins voyant.

Mais, lorsque ceux qui n'étaient point prévenus où ce corps avait pris son origine le voyaient marcher à l'avant-garde, c'est-à-dire au poste le plus dangereux, ils s'étonnaient que tous boitassent, soit de la jambe droite, soit de la jambe gauche.

Chacun boitait de la jambe dont il avait tiré la chaîne.

Ce fut avec cette avant-garde exceptionnelle que le cardinal continua sa marche sur Naples, dont les chemins lui était livrés par la défaite de Schipani à Castelluccio.

Ce sera, au reste, à notre avis, une grande leçon pour les peuples et pour les rois que de comparer à cette marche du cardinal Ruffo celle qui fut exécutée, soixante ans plus tard, par Garibaldi, et d'opposer, au prélat représentant le droit divin, l'homme de l'humanité représentant le droit populaire.

L'un, celui qui est revêtu de la pourpre romaine, qui marche au nom de Dieu et du roi, passe à travers le pillage, les homicides, l'incendie, laissant derrière lui les larmes, la désolation et la mort.

L'autre, vêtu de la simple blouse du peuple, de la simple casaque du marin, marche sur une jonchée de fleurs et s'avance au milieu de la joie et des bénédictions, laissant sur ses pas les peuples libres et radieux.

Le premier a pour alliés les Panedigrano, les Scarpa, les Fra-Diavolo, les Mammone, les Pronio, c'est-à-dire des forçats et des voleurs de grand chemin.

L'autre a pour lieutenants les Tuckery, les de Flotte, les Turr, les Bixio, les Teleki, les Sirtori, les Cosenza, c'est-à-dire des héros.

XLIX

LE CADEAU DE LA REINE

C'est une chose bizarre et qui présente un singulier problème à résoudre au philosophe et à l'historien que le soin que prend la Providence de faire réussir certaines entreprises qui marchent évidemment à l'encontre de la volonté de Dieu.

En effet, Dieu, en douant l'homme d'intelligence et en lui laissant le libre arbitre, l'a chargé incontestablement de cette grande et sainte mission de s'améliorer et de s'éclairer sans cesse, et cela, afin qu'il arrivât au seul résultat qui donne aux nations la conscience de leur grandeur, c'est-à-dire à la liberté et à la lumière.

Mais cette liberté et cette lumière, les nations doivent les acheter par des retours d'esclavage et des périodes d'obscurité qui donnent des défaillances aux esprits les plus forts, aux âmes les plus vaillantes aux cœurs les plus convaincus.

Brutus meurt en disant : « Vertu, tu n'es qu'un mot! » Grégoire VII fait écrire sur son tombeau : « J'ai aimé la justice et haï l'iniquité ; voilà pourquoi je meurs dans l'exil. » Kosciusko, en tombant, murmure : *Finis Poloniæ!*

Ainsi, à moins de penser qu'en plaçant les Bourbons sur le trône de Naples, la Providence n'ait voulu donner assez de preuves de leur mauvaise foi, de leur tyrannie et de leur incapacité, pour rendre impossible une troisième restauration, on se demande dans quel but elle couvre de la même égide le cardinal Ruffo en 1799 et Garibaldi en 1860, et comment les mêmes miracles s'opèrent pour sauvegarder deux existences dont l'une devrait logiquement exclure l'autre, puisqu'elles sont destinées à accomplir deux opérations sociales diamétralement opposées, et dont l'une, si elle est bonne, rend naturellement l'autre mauvaise.

Eh bien, rien de plus patent que l'intervention de ce pouvoir supérieur que l'on appelle la Providence dans les événements que nous racontons. Pendant trois mois, Ruffo devient l'élu du Seigneur; pendant trois mois, Dieu le conduit par la main.

Mystère !

Nous avons vu, le 6 avril, le cardinal échapper au danger d'avoir les reins brisés par son cheval, frappé lui-même d'un coup de sang.

Dix jours après, c'est-à-dire le 16 avril, il échappa non moins miraculeusement à un autre danger.

Depuis la mort du premier cheval avec lequel il avait commencé la campagne, le cardinal montait un cheval arabe, blanc et sans aucune tache.

Le 16, au matin, au moment où son Éminence allait mettre le pied à l'étrier, on s'aperçut que le cheval boitait légèrement. Le palefrenier lui fit plier la jambe et lui tira un caillou de la corne du pied.

Pour ne point fatiguer son arabe, ce jour-là, le

cardinal décida qu'on le conduirait en main et se fit amener un cheval alezan.

On se mit en marche.

Vers onze heures du matin, en traversant le bois de Ritorto-Grande, près de Tarsia, un prêtre qui était monté sur un cheval blanc et qui marchait à l'avant-garde, servit de point de mire à une fusillade qui tua roide le cheval sans toucher le cavalier.

A peine le bruit eut-il éclaté que l'on avait tiré sur le cardinal, — et, en effet, le prêtre avait été pris pour lui, — qu'il se répandit dans l'armée sanfédiste et y souleva une telle fureur, qu'une vingtaine de cavaliers s'élancèrent dans le bois et se mirent à la poursuite des assassins. Douze furent pris, dont quatre étaient sérieusement blessés.

Deux furent fusillés; les autres, condamnés à une prison perpétuelle dans la forteresse de Maritima.

L'armée sanfédiste s'arrêta deux jours après avoir traversé la plaine où s'élevait l'antique Sybaris, aujourd'hui maremmes infectés : la halte eut lieu dans la buffalerie du duc de Cassano.

Arrivé là, le cardinal la passa en revue. Elle se composait de dix bataillons complets de cinquante hommes chacun, tirés tous de l'armée de Ferdinand. Ils étaient armés de fusils de munition et de sabres seulement, un tiers des fusils, à peu près, manquait de baïonnette.

La cavalerie consistait en douze cents chevaux. Cinq cents hommes appartenant à la même arme suivaient à pied, manquant de monture.

En outre, le cardinal avait organisé deux escadrons de campagne, composés de *bargelli*, c'est-à-dire de gens de la prévôté et de campieri. Ce corps était le mieux équipé, le mieux armé, le mieux vêtu.

L'artillerie consistait en onze canons de tout calibre et en deux obusiers. Les troupes irrégulières, c'est-à-dire celles que l'on appelait les masses, montaient à dix mille hommes et formaient cent compagnies de chacune cent hommes. Elles étaient armées à la calabraise, c'est-à-dire de fusils, de baïonnettes, de pistolets, de poignards, et chaque homme portait une de ces énormes cartouchières nommées *patroncina*, pleine de cartouches et de balles. Ces cartouchières, qui avaient plus de deux palmes de hauteur, couvraient tout le ventre et formaient une espèce de cuirasse.

Enfin, restait un dernier corps, honoré du nom de *troupes régulières*, parce qu'il se composait, en effet, des restes de l'ancienne armée. Mais ce corps n'avait pu s'équiper faute d'argent et ne servait qu'à faire nombre. En somme, le cardinal s'avançait à la tête de vingt-cinq mille hommes, dont vingt mille parfaitement organisés.

Seulement, comme on ne pouvait pas exiger de pareils hommes une marche bien régulière, l'armée paraissait trois fois plus nombreuse qu'elle n'était, et semblait, par l'immense espace qu'elle occupait, une avant-garde de Xerxès.

Aux deux côtés de cette armée, et formant des espèces de barrières dans lesquelles elle était contenue, roulaient deux cents voitures chargées de tonneaux pleins des meilleurs vins de la Calabre, dont les propriétaires et les fermiers s'empressaient de faire don au cardinal. Autour de ces voitures se tenaient les employés chargés de tirer le vin et de le distribuer. Toutes les deux heures, un roulement de tambours annonçait une halte : les soldats se reposaient un quart d'heure et buvaient chacun un verre de vin. A neuf heures, à midi et à cinq heures, les repas avaient lieu.

On bivaquait ordinairement auprès de quelques-unes de ces belles fontaines si communes dans les Calabres et dont l'une, celle de Blandusie, a été immortalisée par Horace.

L'armée sanfédiste, qui voyageait, comme on le voit, avec toutes les commodités de la vie, voyageait, en outre, avec quelques-uns de ses divertissements.

Elle avait, par exemple, une musique, sinon bonne et savante, du moins bruyante et nombreuse. Elle se composait de cornemuses, de flûtes, de violons, de harpes, et de tous ces musiciens ambulants et sauvages qui, sous le nom de *compagnari*, ont l'habitude de venir à Naples pour la neuvaine de l'*Immacolata* et de la *Natale*. Ces musiciens, qui eussent pu former une armée à part, se comptaient par centaines, de telle façon que la marche du cardinal semblait non-seulement un triomphe, mais encore une fête. On dansait, on incendiait, on pillait. C'était une armée véritablement bien heureuse que celle de Son Éminence le cardinal Ruffo!

Ce fut ainsi qu'elle parvint, sans autre obstacle que la résistance de Cotrone, jusqu'à Matera, chef-lieu de la Basilicate, dans la journée du 8 mai.

L'armée sanfédiste venait à peine de déposer ses armes en faisceaux sur la grande place de Matera, que l'on entendit sonner une trompette, et que l'on vit s'avancer, par une des rues aboutissant à la place, un petit corps d'une centaine de cavaliers conduits par un chef portant l'uniforme de colonel et suivi d'une coulevrine du calibre trente-trois, d'une pièce de canon de campagne, d'un mortier à bombe et de deux caissons remplis de gargousses.

Cette artillerie avait cela de particulier qu'elle était servie par des frères capucins, et que celui qui la commandait marchait en tête, monté sur un âne qui paraissait aussi fier de ce poids que le fameux *âne chargé de reliques*, de la Fontaine.

Ce chef, c'était de Cesare, qui, obéissant aux ordres du cardinal, faisait sa jonction avec lui. Ces cent cavaliers, c'était tout ce qui lui était resté de son armée après la défaite de Casa-Massima. Ces douze artilleurs enfroqués et leur chef, monté sur cet âne si fier de le porter, c'étaient fra Pacifico et son âne Giacobino, qu'il avait retrouvé au Pizzo, non-seulement sain et sauf, mais gros et gras, et qu'il avait repris en passant.

Quant aux douze artilleurs enfroqués, c'étaient les moines que nous avons vus manœuvrant courageusement et habilement leurs pièces aux siéges de Martina et d'Acquaviva.

Quant au faux duc de Saxe et au vrai Boccheciampe, il avait eu le malheur d'être pris par les Français dans un débarquement que ceux-ci avaient fait à Barlette, et nous verrons plus tard qu'ayant été blessé dans ce débarquement, il mourut de sa blessure.

Le cardinal fit quelques pas au-devant de la troupe qui s'avançait, et, ayant reconnu que ce devait être celle de Cesare, il attendit. Celui-ci, de son côté, ayant reconnu que c'était le cardinal, mit son cheval au galop, et, passant à deux pas de Son Éminence, santa à terre et le salua en lui demandant sa main à baiser. Le cardinal, qui n'avait aucune raison de conserver au jeune aventurier son faux nom, le salua du vrai, et, comme il le lui avait promis, lui donna le grade de brigadier, correspondant à celui de notre général de brigade, en le chargeant d'organiser la cinquième et la sixième division.

De Cesare arrivait, comme le lui avait commandé le cardinal, pour prendre part au siége d'Altamura.

Juste en face de Matera, en marchant vers le nord, s'élève la ville d'Altamura. Son nom, comme il est facile de le voir, lui vient de ses hautes murailles. La population, qui montait à vingt-quatre mille hommes en temps ordinaire, s'était accrue d'une multitude de patriotes qui avaient fui la Basilicate et la Pouille, et s'étaient réfugiés à Altamura, regardé comme le plus puissant boulevard de la république napolitaine.

Et, en effet, la considérant comme telle, le gouvernement y avait envoyé deux escadrons de cavalerie commandés par le général Mastrangelo del Montalbano, auquel il avait adjoint, comme commissaire de la République, un prêtre nommé Nicolo Palomba d'Avigliano, un des premiers qui eut, avec son frère, embrassé le parti français. La difficulté d'entasser dans notre récit les détails pittoresques que présente l'histoire, nous a empêché de montrer Nicolo Palomba faisant le coup de fusil, sa soutane retroussée, à Pigna-Secca, contre les lazzaroni, et entrant dans la rue de Tolède en tête de nos soldats la carabine à la main. Mais, après avoir donné au combat l'exemple du courage et du patriotisme, il avait donné à la Chambre celui de la discussion en accusant de malversation un de ses collègues nommé Massimo Rotondo. On avait regardé l'exemple comme dangereux, et, pour satisfaire cette ambition inquiète, on l'avait envoyé à Altamura comme commissaire de la République. Là, il avait pu donner l'essor à ce caractère inquisitorial qui semble être l'apanage du prêtre, et, au lieu de prêcher la concorde et la fraternité parmi les citoyens, il avait fait arrêter une quarantaine de royalistes, qu'il avait enfermés dans le couvent de Saint-François, et dont il pressait le procès au moment même où le cardinal, réuni à de Cesare, s'apprêtait à assiéger la ville.

Il avait sous ses ordres, — car il réunissait en lui le triple caractère de prêtre, de commissaire républicain et de capitaine — il avait sous ses ordres sept cent hommes d'Avigliano, et, avec le concours de son collègue, il avait renforcé Altamura d'un certain nombre de pièces d'artillerie et surtout de nombre d'espingoles qui furent placées sur les murailles et sur le clocher de l'église.

Le 6 mai, les Altamurais firent une reconnaissance extérieur, et, dans cette reconnaissance, surprirent les deux ingénieurs Vinci et Olivieri, qui étudiaient les abords de la ville.

C'était une grande perte pour l'armée sanfédiste.

Aussi, dans la matinée du 7, le cardinal expédia-t-il à Altamura un officier appelé Rafaello Vecchione, avec le titre de plénipotentiaire, afin de proposer à Mastrangelo et à Palomba de bonnes conditions pour la reddition de la place. Il réclamait, en outre, les deux ingénieurs qui avaient été pris la veille.

Mastrangelo et Palomba ne firent aucune réponse, ou plutôt ils en firent une des plus significatives : ils retinrent le parlementaire.

Dans la soirée du 8 mai, le cardinal ordonna que de Cesare partît avec tout ce qu'il y avait de troupes de ligne, et une portion des troupes irrégulières pour mettre le blocus devant Altamura, lui recommandant expressément de ne rien entreprendre avant son arrivée.

Tout le reste des troupes irrégulières et une multitude de volontaires accourus des pays voisins, voyant partir de Cesare à la tête de sa division, craignirent que l'on ne saccageât sans eux Altamura. Or, ils avaient conservé un trop bon souvenir du pillage de Cotrone pour permettre une telle injustice. Ils levèrent donc le camp d'eux-mêmes et marchèrent à la suite de de Cesare, de sorte que le cardinal resta avec une seule garde de deux cents hommes et un piquet de cavalerie.

Il habitait à Matera le palais du duc de Candida.

Mais, à moitié chemin d'Altamura, de Cesare reçut l'ordre du cardinal de se porter immédiatement, avec toute la cavalerie, sur le territoire de la Terza, pour y arrêter certains patriotes qui avaient révolutionné toute la population, de manière que les bourboniens avaient été obligés de quitter la ville et de chercher un refuge dans les villages et dans les campagnes.

De Cesare obéit aussitôt et laissa le commandement de ses hommes à son lieutenant Vicenzo Durante, qui poursuivit son chemin ; puis, à l'heure et au lieu convenus, c'est-à-dire à deux heures et à la taverne de Canita, fit faire halte aux troupes.

Là, on lui conduisit un homme de la campagne qu'il prit d'abord pour un espion des républicains, mais qui n'était en somme qu'un pauvre diable ayant quitté sa masserie, et qui, le matin même, avait été fait prisonnier par un parti de républicains.

Il raconta alors au lieutenant Vicenzo Durante qu'il avait vu deux cents patriotes, les uns à pied, les autres à cheval, qui prenaient le chemin de Matera, mais que ces deux cents hommes s'étaient arrêtés aux environs d'une petite colline voisine de la grande route.

Le lieutenant Durante pensa alors, avec raison, que cette embuscade avait pour objet de surprendre ses hommes dans le désordre de la marche et de lui enlever son artillerie, et particulièrement son mortier, qui faisait la terreur des villes menacées de siége.

En l'absence de son chef, Durante hésitait à prendre une décision, quand un homme à cheval, envoyé par le capitaine commandant l'avant-garde, vint lui annoncer que cette avant-garde était aux mains avec les patriotes et lui faisait demander secours.

Alors, le lieutenant Durante ordonna à ses hommes de presser le pas, et il se trouva bientôt en présence des républicains, qui, évitant les chemins où pouvait les attaquer la cavalerie, suivaient les sentiers les plus âpres de la montagne, pour tomber à un moment donné sur le derrière des sanfédistes.

Ceux-ci prirent à l'instant même position au sommet d'une colline, et fra Pacifico mit son artillerie en batterie.

En même temps, le capitaine commandant la cavalerie calabraise, jeta en tirailleurs contre les patriotes une centaine de montagnards, lesquels devaient attaquer de front les Altamurais, tandis qu'avec sa cavalerie il leur couperait la retraite de la ville.

La petite troupe, qui avait des chances de succès tant que son projet était ignoré, n'en avait plus du moment qu'il était découvert. Elle se mit donc en retraite et rentra dans la ville.

L'armée sanfédiste se trouva dès lors maîtresse de continuer son chemin.

Vers les neuf heures du soir, de Cesare était de retour avec sa cavalerie.

En même temps, de son côté, le cardinal rejoignai l'armée.

Une conférence fut tenue entre Son Éminence et les principaux chefs, à la suite de laquelle il fut convenu que l'on attaquerait sans retard Altamura.

On prit, en conséquence, et séance tenante, toutes les dispositions pour remettre en marche et l'on arrêta que de Cesare partirait avant le jour.

Le mouvement fut exécuté, et, à neuf heures du

matin, de Cesare se trouvait à portée du canon d'Altamura.

Une heure après, le cardinal arrivait avec le reste de l'armée.

Les Altamurais avaient formé un camp hors de leur ville, sur le sommet des montagnes qui l'entourent.

Le cardinal, pour reconnaitre le point par lequel il devait attaquer, résolut de faire le tour des remparts. Il était monté sur un cheval blanc, et, d'ailleurs, son costume de porporato le désignait aux coups.

Il fut donc reconnu des républicains et devint dès lors le point de mire pour tous ceux qui possédaient un fusil à longue portée, de façon que les balles commencèrent à pleuvoir autour de lui.

Ce que voyant, le cardinal s'arrêta, mit sa lunette à son œil et demeura immobile et impassible au milieu du feu.

Tous ceux qui l'entouraient lui crièrent de se retirer ; mais lui leur répondit :

— Retirez-vous vous-mêmes. Je serais au désespoir que quelqu'un fût blessé à cause de moi.

— Mais vous, monseigneur ! mais vous ! lui cria-t-on de toutes parts.

— Oh! moi, c'est autre chose, répondit le cardinal; moi, j'ai fait un pacte avec les balles.

Et, en effet, le bruit courait dans l'armée que le cardinal était porteur d'un talisman et que les balles ne pouvaient rien contre lui. Or, il était important pour la puissance et la popularité de Ruffo qu'un pareil bruit s'accréditât.

Le résultat de la reconnaissance du cardinal fut que tous les chemins et même tous les sentiers qui conduisaient à Altamura étaient commandés par l'artillerie, et que ces sentiers et ces chemins étaient, en outre, défendus par des barricades.

On décida, en conséquence, de s'emparer de l'une des hauteurs dominant Altamura et qui étaient gardées par les patriotes.

Après un combat acharné, la cavalerie de Lecce, c'est-à-dire les cent hommes que de Cesare avait amenés avec lui, s'empara d'une de ces hauteurs sur laquelle fra Pacifico établit à l'instant même sa coulevrine, pointée sur les murailles, et son mortier, pointé sur les édifices intérieurs. Deux autres pièces furent dirigées sur d'autres points; mais leur petit calibre les rendait plus bruyantes que dangereuses.

Le feu commença; mais, bien attaquée, la ville était bien défendue. Les Altamurais avaient juré de s'ensevelir sous leurs remparts et paraissaient disposés à tenir leur parole. Les maisons croulaient, ruinées et incendiées par les obus ; mais, comme si les pères et les maris avaient oublié les dangers de leurs enfants et de leurs femmes, comme s'ils n'entendaient point les cris des mourants qui les appelaient à leur secours, ils restaient fermes à leur poste, repoussant toutes les attaques et mettant en fuite dans une sortie les meilleures troupes de l'armée sanfédiste, c'est-à-dire les Calabrais.

De Cesare accourut avec sa cavalerie et soutint leur retraite.

Il fallut la nuit pour interrompre le combat.

Cette nuit se passa presque entière, chez les Altamurais, à discuter leurs moyens de défense.

Inexpérimentés dans cette question de siége, ils n'avaient réuni qu'un certain nombre de projectiles. Il y avait encore des boulets et de la mitraille pour un jour; mais les balles manquaient.

Les habitants furent invités à apporter sur la place publique tout ce qu'ils avaient chez eux de plomb et de matières fusibles.

Les uns apportèrent le plomb de leurs vitraux, les autres ceux de leurs gouttières. On apporta l'étain, on apporta l'argenterie. Un curé apporta les tuyaux de l'orgue de son église.

Les forges allumées liquéfiaient le plomb, l'étain

et l'argent, que des fondeurs convertissaient en balles.

La nuit se passa à ce travail. Au point du jour, chaque assiégé avait quarante coups à tirer.

Quant aux artilleurs, on calcula qu'ils avaient des projectiles pour les deux tiers de la journée, à peu près.

A six heures du matin, la canonnade et la fusillade commencèrent.

A midi, on vint annoncer au cardinal que l'on avait extrait, des plaies de plusieurs blessés, des balles d'argent.

A trois heures de l'après-midi, on s'aperçut que les Altamurais tiraient à mitraille avec de la monnaie de cuivre, puis avec de la monnaie d'argent, puis avec de la monnaie d'or.

Les projectiles manquaient, et chacun apportait tout ce qu'il possédait d'or et d'argent, aimant mieux se ruiner volontairement que de se laisser piller par les sanfédistes.

Mais, tout en admirant ce dévouement que les historiens constatent, le cardinal calculait que les assiégés, épuisant ainsi leurs dernières ressources, ne pouvaient tenir longtemps.

Vers quatre heures, on entendit une grande explosion, comme serait celle d'une centaine de coups de fusil qui partiraient à la fois.

Puis le feu cessa.

Le cardinal crut à quelque ruse, et, jugeant, d'après ce qu'il voyait, que, si l'on ne donnait pas aux républicains quelques facilités de fuite, ils s'enseveliraient, comme ils l'avaient juré, sous les murs de leur ville, feignant de réunir ses troupes sur un seul point, afin de rendre sur ce point l'attaque plus terrible, il laissa libre celle des portes de la ville qu'on appelle la porte de Naples.

Et, en effet, Nicolo Palomba et Mastrangelo, profitant de ce moyen de retraite, sortirent des premiers.

De temps en temps, fra Pacifico jetait une bombe dans l'intérieur de la ville, afin que les habitants demeurassent bien sous le coup du danger qui les attendait le lendemain.

Mais la ville, en proie à un triste et mystérieux silence, ne répondait point à ces provocations. Tout y était muet et immobile comme dans une ville des morts.

Vers minuit, une patrouille de chasseurs se hasarda à s'approcher de la porte de Matera, et, la voyant sans défense, eut l'idée de l'incendier.

En conséquence, chacun se mit en quête de matières combustibles. On réunit un bûcher près de la porte, déjà percée à jour par les boulets de canon, et on la réduisit en cendre, sans qu'il y eût aucun empêchement de la part de la place.

On porta cette nouvelle au cardinal, qui, craignant quelque embuscade, ordonna de ne point entrer dans Altamura; seulement, pour ne pas ruiner entièrement la ville, il fit cesser le feu du mortier.

Le vendredi 10 mai, un peu avant le jour, le cardinal ordonna à l'armée de se mettre en mouvement, et, l'ayant disposée en bataille, il la fit avancer vers la porte brûlée. Mais, par l'ouverture de cette porte, on ne vit personne. Les rues étaient solitaires et silencieuses comme celles de Pompéi. Il fit alors lancer dans la ville deux bombes et quelques grenades, s'attendant qu'à leur explosion quelque mouvement s'apercevrait; tout resta muet et sans mouvement; enfin, sur cette inerte et funèbre solitude le soleil se leva sans rien éveiller dans l'immense tombeau. Le cardinal ordonna alors à trois régiments de chasseurs d'entrer par la porte brûlée et de traverser la ville d'un bout à l'autre pour voir ce qui arriverait.

La surprise du cardinal fut grande lorsqu'on lui rapporta qu'il n'était resté dans la ville que les êtres trop faibles pour fuir : les malades, les vieillards, les enfants, et un couvent de jeunes filles.

Mais, tout à coup, on vit revenir un homme dont le visage portait les signes de la plus vive épouvante.

C'était le capitaine de la première compagnie envoyée à la découverte par le cardinal, et auquel il avait été ordonné de faire toutes les recherches possibles, afin de retrouver les ingénieurs Vinci et Olivieri, ainsi que le parlementaire Vecchione.

Voici les nouvelles qu'il apportait. En entrant dans l'église de San-Francisco, on avait trouvé des traces de sang frais : on avait suivi ces traces, elles avaient conduit à un caveau plein de royalistes, morts ou mourants de leurs blessures. C'étaient les quarante suspects qu'avait fait arrêter Nicolo Palomba et qui, enchaînés deux à deux, avaient été fusillés en masse dans le réfectoire de Saint-François, le soir précédent, au moment où l'on avait entendu cette fusillade suivie d'un profond silence.

Après quoi, on les avait, morts ou respirant encore, jetés pêle-mêle dans ce caveau.

C'était ce spectacle qui avait bouleversé l'officier envoyé dans la ville par le cardinal.

En apprenant que quelques-uns de ces malheureux respiraient encore, le cardinal se rendit à l'instant même à l'église Saint-François et ordonna que, morts ou vivants, tous fussent tirés hors du caveau où ils avaient été jetés. Trois seulement, qui n'étaient point mortellement atteints, furent soignés et guéris parfaitement. Cinq ou six autres qui respiraient encore moururent dans le courant de la journée sans avoir même repris connaissance.

Les trois qui survécurent étaient : le père Maestro Lomastro, ex-provincial des dominicains, lequel, vingt-cinq ans après, mourut de vieillesse; Emmanuel de Mazzio di Matera; et le parlementaire don Raffaelo Vecchione, qui ne mourut, lui, qu'en 1820 ou 1821, employé à la secrétairerie de la guerre.

Les deux ingénieurs Vinci et Olivieri étaient au nombre des morts.

Les écrivains royalistes avouent eux-mêmes que le sac d'Almatura fut une épouvantable chose.

« Qui pourra jamais — dit ce même Vicenzo Durante, lieutenant de de Cesare, et qui a écrit l'histoire de cette incroyable campagne de 99 — qui pourra jamais se rappeler sans sentir les pleurs jaillir de ses yeux le deuil et la désolation de cette pauvre ville! Qui pourra décrire cet interminable pillage de trois jours qui cependant fut insuffisant à satisfaire la cupidité du soldat !

» La Calabre, la Basilicate et la Pouille furent enrichies des trophées d'Altamura. Tout fut enlevé aux habitants, auxquels on ne laissa que le douloureux souvenir de leur rébellion. »

Pendant trois jours, Altamura épuisa toutes les horreurs que la guerre civile la plus implacable réserve aux villes prises d'assaut. Les vieillards et les enfants restés chez eux furent égorgés, le couvent de jeunes filles fut profané. Les écrivains libéraux, et entre autres Coletta, cherchent inutilement dans les temps modernes un désastre pareil à celui d'Altamura, et ils sont obligés, pour obtenir un point de comparaison, de remonter à ceux de Sagonte et de Carthage.

Il fallut qu'une action horrible s'accomplît sous les yeux du cardinal pour que celui-ci osât donner l'ordre de cesser le carnage.

On trouva un patriote caché dans une maison; on l'amena devant le cardinal, qui, sur la place publique, au milieu des morts, les pieds dans le sang, entouré de maisons incendiées et croulantes, disait un *Te Deum* d'actions de grâces sur un autel improvisé.

Ce patriote se nommait le comte Filo.

Au moment où il s'inclinait pour demander la vie, un homme qui se disait parent de l'ingénieur Olivieri, retrouvé, comme nous l'avons dit, parmi les morts, s'approcha de lui, et, à bout portant, lui tira un coup de fusil. Le comte Filo tomba mort aux pieds du cardinal, et son sang rejaillit sur sa robe de pourpre.

Ce meurtre, accompli sous les yeux du cardinal, lui fut un prétexte pour ordonner la fin de toutes ces horreurs. Il fit battre la générale : tous les officiers et tous les prêtres eurent ordre de parcourir la ville et de faire cesser le pillage et les meurtres qui duraient depuis trois jours.

Au moment où il venait de donner cet ordre, on vit s'avancer au galop de son cheval un homme portant l'uniforme d'officier napolitain. Cet homme arrêta sa monture devant le cardinal, mit pied à terre et lui présenta respectueusement une lettre de l'écriture de la reine.

Le cardinal reconnut cette écriture, baisa la lettre, la décacheta et lut ce qui suit :

« Braves et généreux Calabrais !

» Le courage, la valeur et la fidélité que vous montrez pour la défense de notre sainte religion catholique et de votre bon roi et père établi par Dieu lui-même pour régner sur vous, vous gouverner et vous rendre heureux, ont excité dans notre âme un sentiment de si vive satisfaction et de reconnaissance si grande, que nous avons voulu broder de nos propres

7.

mains la bannière que nous vous envoyons (1).

» Cette bannière sera une preuve lumineuse de notre sincère attachement pour vous et de notre gratitude à votre fidélité ; mais, en même temps, elle devra devenir un vif aiguillon pour vous pousser à continuer d'agir avec la même valeur et avec le même zèle, jusqu'à ce qu'ils soient dispersés et vaincus, les ennemis de l'État et de notre sacro-sainte religion, jusqu'à ce qu'enfin vous, vos familles, la patrie, puissent jouir tranquillement des fruits de vos travaux et de votre courage, sous la protection de votre bon roi et père Ferdinand et de nous tous, qui ne nous lasserons jamais de chercher des occasions de vous prouver que nous conserverons inaltérable dans notre cœur la mémoire de vos glorieux exploits.

» Continuez donc, braves Calabrais, à combattre avec votre valeur accoutumée sous cette bannière où, de nos propres mains, nous avons brodé la croix, signe glorieux de notre rédemption ; rappelez-vous, preux guerriers, que, sous la protection d'un tel signe, vous ne pouvez manquer d'être victorieux ; ayez-le pour guide, courez intrépidement au com-

(1) Inutile de dire que cette lettre, copiée sur l'original, est, comme toutes les pièces que nous citons, traduite avec la plus sévère exactitude.

bat, et soyez sûrs que vos ennemis seront vaincus.

» Et nous, pendant ce temps, avec les sentiments de la plus vive reconnaissance, nous prierons le Très-Haut, dispensateur de tous les biens de ce monde, qu'il se plaise à nous assister dans les entreprises qui regardent principalement son honneur, sa gloire, la nôtre et notre tranquillité.

» Et, pleine de gratitude pour vous, nous sommes constamment

» Votre reconnaissante et bonne mère,
» Maria-Carolina.

» Palerme, 30 avril. »

A la suite de la signature de la reine, et sur la même ligne, venaient les signatures suivantes :

« Maria-Clementina.
» Leopold Borbone.
» Maria-Christina.
» Maria-Amalia (1).
» Maria-Antonia. »

Pendant que le cardinal lisait la lettre de la reine, le messager avait déroulé la bannière brodée par la reine et les jeunes princesses, et qui était véritablement magnifique.

(2) Depuis reine des Français.

Elle était de satin blanc et portait d'un côté les armes des Bourbons de Naples avec cette légende : *A mes chers Calabrais*, et, de l'autre, la croix avec cette inscription, consacrée depuis le labarum de Constantin :

IN HOC SIGNO VINCES.

Le porteur de la bannière, Scipion Lamarra, était recommandé au cardinal par une lettre de la reine comme un brave et excellent officier.

Le cardinal fit sonner la trompette, battre les tambours, réunit enfin toute l'armée, et, au milieu des cadavres, des maisons éventrées, des ruines fumantes, il lut à haute voix, aux Calabrais, la lettre qui leur était adressée, et déploya la bannière royale, qui devait les guider vers d'autres pillages, d'autres meurtres et d'autres incendies, que la reine semblait autoriser, que Dieu semblait bénir !

Mystère ! avons-nous dit ; mystère ! répétons-nous.

L

LE COMMENCEMENT DE LA FIN

Tandis que ces graves événements s'accomplissaient dans la Terre de Bari, Naples était témoin d'événements non moins graves.

Comme avait dit Ferdinand dans le post-scriptum d'une de ses lettres, l'empereur d'Autriche s'était enfin décidé *à se remuer.*

Ce mouvement avait été fatal à l'armée française.

L'empereur avait attendu les Russes, et il avait bien fait.

Souvorov, encore tout chaud de ses victoires contre les Turcs, avait traversé l'Allemagne, et, débouchant par les montagnes du Tyrol, était entré à Vérone, avait pris le commandement des armées unies sous le nom d'armée austro-russe, et s'était emparé de Brescia.

Nos armées, en outre, avaient été battues à Rokack en Allemagne et à Magnano, en Italie.

Macdonald, comme nous l'avons dit, avait succédé à Championnet.

Mais celui qui succède ne remplace pas toujours. Avec de grandes vertus militaires, Macdonald manquait de ces formes douces et amicales qui avaient fait la popularité de Championnet à Naples.

On vint, un jour, lui annoncer qu'il y avait un révolte parmi les lazzaroni du Marché-Vieux.

Ces hommes, descendants de ceux qui s'étaient révoltés avec Masaniello, et qui, après s'être révoltés avec lui, après avoir pillé avec lui, après avoir assassiné avec lui, l'avaient fait ou tout au moins laissé assassiner, — qui, Masaniello mort, avaient traîné ses membres dans la fange et jeté sa tête dans un égout; — les descendants de ces mêmes hommes qui, par une de ces réactions inconcevables et cependant fréquentes chez les Méridionaux, avaient ramassé ses membres épars, les avaient réunis sur une litière dorée et les enterrèrent avec des honneurs presque divins; — les lazzaroni, toujours les mêmes en 1799 qu'en 1647, se réunirent, désarmèrent la garde nationale, prirent les fusils et s'avancèrent vers le port pour soulever les mariniers.

Macdonald, en cette circonstance, suivit les traditions de Championnet. Il envoya chercher Michele et lui promit le grade et la paye de chef de légion, avec un habit plus brillant encore que celui qu'il portait, s'il calmait la révolte.

Michele monta à cheval, se jeta au milieu des lazzaroni et parvint, grâce à son éloquence ordinaire, à leur faire rendre les armes et à les faire rentrer dans leurs maisons.

Les lazzaroni, abaissés, envoyèrent des députés pour demander pardon à Macdonald.

Macdonald tint sa promesse à l'endroit de Michele, le nomma chef de légion et lui donna un habit magnifique, avec lequel il s'alla montrer immédiatement au peuple.

Ce fut ce jour-là même que l'on apprit à Naples la perte de la bataille de Magnano, la retraite qui s'en était suivie, et la conséquence de cette retraite, c'est-à-dire la perte de la ligne du Mincio.

Macdonald recevait l'ordre de rejoindre en Lombardie l'armée française, en pleine retraite devant l'armée autro-russe. Par malheur, il n'était pas tout à fait libre d'obéir. Nous avons vu qu'avant son départ, Championnet avait expédié un corps français dans la Pouille et un corps napolitain dans la Calabre.

Nous savons le résultat de ces deux expéditions.

Broussier et Ettore Caraffa avaient été vainqueurs; mais Schipani avait été vaincu.

Macdonald envoya aussitôt, aux corps français épars tout autour de Naples, l'ordre de se concentrer sur Caserte.

Au fur et à mesure que les républicains se retiraient, les sanfédistes avançaient, et Naples commençait à se trouver resserrée dans un cercle bourbonien. Fra-Diavolo était à Itri ; Mammone et ses deux frères étaient à Sora ; Pronio était dans les Abruzzes ; Sciarpa, dans le Cilento ; enfin Ruffo et de Cesare marchaient de front, occupant toute la Calabre, donnant, par la mer Ionienne, la main aux Russes et aux Turcs, et, par la mer Tyrrhénienne, la main aux Anglais.

Sur ces entrefaites, les députés envoyés à Paris pour obtenir la reconnaissance de la république parthénopéenne et faire avec le Directoire une alliance *défensive et offensive,* revinrent à Naples. Mais la situation de la France n'était point assez brillante pour *défendre* Naples, et celle de Naples assez forte pour *offenser* les ennemis de la France.

Le Directoire français faisait donc dire à la république napolitaine ce que se disent les uns aux autres, malgré les traités qui les lient, deux États dans les situations extrêmes : *Chacun pour soi.* Tout ce qu'il pouvait faire, c'était de lui céder le citoyen Abrial, homme expert en pareille matière, pour donner une organisation meilleure à la République.

Au moment où Macdonald s'apprêtait à obéir secrètement à l'ordre de retraite qu'il avait reçu, et où il réunissait ses soldats à Caserte, sous le prétexte qu'ils s'amollissaient aux délices de Naples, on apprit que cinq cents bourboniens et un corps anglais beaucoup plus considérable débarquaient près de Castellamare, sous la protection de la flotte anglaise. Cette troupe s'empara de la ville et du petit fort qui la protége. Comme on ne s'attendait pas à ce débarquement, une trentaine de Français seulement occupaient le fort. Ils capitulèrent, à la condition de se retirer avec les honneurs de la guerre. Quant à la ville, comme elle avait été enlevée par surprise, elle n'avait pu faire ses conditions et avait été mise à sac.

Lorsqu'ils surent ce qui arrivait à Castellamare, les paysans de Lettere, de Groguana, les montagnards des montagnes voisines, espèce de pâtres dans le genre des anciens Samnites, descendirent dans la ville et se mirent à la piller de leur côté.

Tout ce qui était patriote, ou tout ce qui était dénoncé comme tel, fut mis à sac; enfin, le sang donnant la soif du sang, la garnison elle-même fut égorgée au mépris de la capitulation.

Ces événements se passaient la veille du jour où Macdonald devait quitter Naples avec l'armée française ; mais ils changèrent ses dispositions. Le hardi capitaine ne voulut point avoir l'air de quitter Naples sous la pression de la peur. Il se mit à la tête de l'armée et marcha droit sur Castellamare. Ce fut inutilement que les Anglais tentèrent d'inquiéter la marche de la colonne française par le feu de leurs vaisseaux ; sous le feu de ces mêmes vaisseaux, Macdonald reprit la ville et le fort, y remit garnison, non plus de Français, mais de patriotes napolitains, et, le soir même, de retour à Naples, il faisait don à la garde nationale de trois étendards, de dix-sept canons et de trois cents prisonniers.

Le lendemain, il annonça son départ pour le camp de Caserte, où il allait, disait-il, commander à ses troupes de grandes manœuvres d'exercice, promettant qu'il serait toujours prêt à revenir sur Naples pour la défendre, et priant qu'on lui fit tenir, tous les soirs, un rapport sur les événements de la journée.

Il laissait entendre qu'il était temps que la République jouît de toute sa liberté, se soutînt par ses propres forces et achevât une révolution commencée sous de si heureux auspices. Et, en effet, il ne restait plus aux Napolitains, guidés par les conseils d'Abrial, qu'à soumettre les insurgés et à organiser le gouvernement.

Le 6 mai au soir, tandis qu'il était occupé à écrire une lettre au commodore Troubridge, lettre dans laquelle il faisait appel à son humanité et l'adjurait de faire tous ses efforts pour éteindre la guerre civile au lieu de l'attiser, on lui annonça le brigadier Salvato.

Salvato, deux jours auparavant, avait fait, à la reprise de Castellamare, des prodiges de valeur sous les yeux du général en chef. Cinq des dix-sept canons avaient été pris par sa brigade; un des trois drapeaux avait été pris par lui.

On connaît déjà le caractère de Macdonald pour être plus âpre et plus sévère que celui de Championnet; mais, brave lui-même jusqu'à la témérité, il était un juste et digne appréciateur de la valeur chez les autres.

En voyant entrer Salvato, Macdonald lui tendit la main.

— Monsieur le chef de brigade, lui dit-il, je n'ai pas eu le temps de vous faire, sur le champ de bataille, ni après le combat, tous les compliments qui vous étaient dus; mais j'ai fait mieux que cela : j'ai demandé pour vous au Directoire le grade de général de brigade, et je compte, en attendant, vous confier le commandement de la division du général Mathieu Maurice, qu'une blessure grave met, pour le moment, en non-activité.

Salvato s'inclina.

— Hélas! mon général, dit-il, je vais peut-être bien mal reconnaître vos bontés ; mais, dans le cas où, comme on le dit, vous seriez rappelé dans l'Italie centrale...

Macdonald regarda fixement le jeune homme.

— Qui dit cela, monsieur? demanda-t-il.

— Mais le colonel Mejean, par exemple, que j'ai rencontré faisant des provisions pour le château Saint-Elme, et qui m'a dit, sans autrement me recommander le secret, d'ailleurs, que vous le laissiez au fort Saint-Elme avec cinq cents hommes.

— Il faut, répliqua Macdonald, que cet homme se sente singulièrement appuyé pour jouer avec de pareils secrets, surtout quand on lui a recommandé, sur sa tête, de ne les révéler à qui que ce soit.

— Pardon, mon général : j'ignorais cette circonstance; sans quoi, je vous avoue que je ne vous eusse point nommé M. Mejean.

— C'est bien. Et vous aviez quelque chose à me dire dans le cas où je serais rappelé dans l'Italie centrale?

— J'avais à vous dire, mon général, que je suis un enfant de ce malheureux pays que vous abandonnez ; que, privé de l'appui des Français, il va avoir besoin de toutes ses forces et surtout de tous ses dévouements. Pouvez-vous, en quittant Naples, mon général, me laisser un commandement quelconque, si infime qu'il soit, le commandement du château de l'OEuf, le commandement du château del Carmine, comme vous laissez le commandement du château Saint-Elme au colonel Mejean ?

— Je laisse le commandement du château Saint-Elme au colonel Mejean par ordre exprès du Directoire. L'ordre porte le nombre d'hommes que je dois y laisser et le chef sous les ordres duquel je dois laisser ces hommes. Mais, n'ayant rien reçu de pareil relativement à vous, je ne puis prendre sur moi de priver l'armée d'un de ses meilleurs officiers.

— Mon général, répondit Salvato, de ce même ton ferme dont lui parlait Macdonald et auquel l'avait si peu habitué Championnet, qui le traitait comme son fils, — mon général, ce que vous me dites là me désespère ; car, convaincu que je suis de la nécessité de ma présence dans ce pays, et ne pouvant oublier que je suis Napolitain avant d'être Français, et que, par conséquent, je dois ma vie à Naples avant de la devoir à la France, je serais obligé, sur un refus formel de votre part de me laisser ici, je serais obligé de vous donner ma démission.

— Pardon, monsieur, répondit Macdonald, j'apprécie d'autant mieux votre position, que, de même que vous êtes Napolitain, je suis, moi, Irlandais, et que, quoique né en France de parents qui, depuis longtemps, y étaient fixés, si je me trouvais à Dublin dans les conditions où vous êtes à Naples, peut-être le souvenir de la patrie se réveillerait-il en moi et ferais-je la même demande que vous faites.

— Alors, mon général, dit Salvato, vous acceptez ma démission?

— Non, monsieur; mais je vous accorde un congé de trois mois.

— Oh! mon général! s'écria Salvato.

— Dans trois mois, tout sera fini pour Naples...

— Comment l'entendez-vous, mon général?

— C'est bien simple, dit Macdonald avec un triste sourire : je veux dire que, dans trois mois, le roi Ferdinand sera remonté sur son trône, que les patriotes seront tués, pendus ou proscrits. Pendant ces trois mois-là, monsieur, consacrez-vous à la défense de votre pays. La France n'aura rien à voir à ce que vous ferez, ou, si elle y voit quelque chose, elle n'aura probablement qu'à y applaudir; et, si dans trois mois, vous n'êtes ni tué ni pendu, revenez reprendre parmi nous, près de moi, s'il est possible, le rang que vous occupez dans l'armée.

— Mon général, dit Salvato, vous m'accordez plus que je n'osais espérer.

— Parce que vous êtes de ceux, monsieur, à qui l'on n'accordera jamais assez. Avez-vous un ami à me présenter pour tenir votre commandement en votre absence de la brigade?

— Mon général, il me ferait grand plaisir, je vous l'avoue, d'être remplacé par mon ami de Villeneuve; mais...

Salvato hésita.

— Mais? reprit Macdonald.

— Mais Villeneuve était officier d'ordonnance du général Championnet, et peut-être cet emploi occupé par lui n'est-il pas aujourd'hui un titre de recommandation.

— Près du Directoire, c'est possible, monsieur; mais près de moi il n'y a de titre de recommandation que le patriotisme et le courage. Et vous en êtes une preuve, monsieur; car, si M. de Villeneuve était officier d'ordonnance du général Championnet, vous étiez, vous, son aide de camp, et c'est avec ce titre, s'il m'en souvient, que vous avez si vaillamment combattu à Civita-Castellana. Écrivez vous-même à votre ami M. de Villeneuve, et dites-lui qu'à votre demande, je me suis empressé de lui confier le commandement intérimaire de votre brigade.

Et, de la main, il désigna au jeune homme le bureau où il écrivait lui-même lorsque Salvato était entré. Salvato s'y assit et écrivit, d'une main tremblante de joie, quelques lignes à Villeneuve.

Il avait signé, cacheté la lettre, mis l'adresse et allait se lever, lorsque Macdonald, lui posant la main sur l'épaule, le maintint à sa place.

— Maintenant, un dernier service, lui dit-il.

— Ordonnez, mon général.

— Vous êtes Napolitain, quoique, à vous entendre parler le français ou l'anglais, on vous prendrait ou pour un Français ou pour un Anglais. Vous devez donc parler au moins aussi correctement votre langue maternelle que vous parlez ces langues étrangères. Eh bien, faites-moi le plaisir de traduire en italien la proclamation que je vais vous dicter.

Salvato fit signe qu'il était prêt à obéir.

Macdonald se redressa de toute la hauteur de sa grande taille, appuya sa main au dossier du fauteuil du jeune officier et dicta :

« Naples, 6 mai 1799.

» Toute ville rebelle sera brûlée, et, sur ses ruines, on passera la charrue. »

Salvato regarda Macdonald.

— Continuez, monsieur, lui dit tranquillement celui-ci.

Salvato fit signe qu'il était prêt. Macdonald continua :

« Les cardinaux, les archevêques, les évêques, les abbés, en somme tous les ministres du culte, seront regardés comme fauteurs de la révolte des pays et villes où ils se trouveront, et punis de mort.

» La perte de la vie entraînera la confiscation des biens. »

— Vos lois sont dures, général, fit en souriant Salvato.

— En apparence, monsieur, répondit Macdonald ; car, en faisant cette proclamation, j'ai un tout autre but, qui vous échappe, jeune homme.

— Lequel ? demanda Salvato.

— La république parthénopéenne, si elle veut se soutenir, va être forcée à de grandes rigueurs, et peut-être même ces rigueurs ne la sauveront-elles pas. Eh bien, en cas de restauration, il est bon, ce me semble, que ceux qui auront appliqué ces rigueurs puissent les rejeter sur moi. Tout éloigné que je serai de Naples, peut-être lui rendrai-je un dernier service et sauverai-je la tête de quelques-uns de ses enfants en prenant sur moi cette responsabilité. Passez-moi la plume, monsieur, dit Macdonald.

Salvato se leva et passa la plume au général.

Celui-ci signa sans s'asseoir, et, se retournant vers Salvato :

— Ainsi, c'est convenu, dit-il, dans trois mois, si vous n'êtes ni tué, ni prisonnier, ni pendu?

— Dans trois mois, mon général, je serai près de vous.

— En allant vous remercier, aujourd'hui, M. de Villeneuve vous portera votre congé.

Et il tendit à Salvato une main que celui-ci serra avec reconnaissance.

Le lendemain, 7 mai, Macdonald partait de Caserte avec l'armée française.

LI

LA FÊTE DE LA FRATERNITÉ

« Il est impossible, disent les *Mémoires pour servir à l'histoire des dernières révolutions de Naples*, il est impossible de décrire la joie qu'éprouvèrent les patriotes lors du départ des Français. Ils disaient, en se félicitant et en s'embrassant, que c'était à partir de ce moment heureux qu'ils étaient véritablement libres, et leur patriotisme, en répétant ces paroles, touchait le dernier degré de l'enthousiasme et de la fureur. »

Et, en effet, il y eut alors un moment à Naples où les folies de 1792 et 1793 se renouvelèrent, non pas les folies sanglantes, heureusement, mais celles qui, en exagérant le patriotisme, placent le ridicule à côté du sublime. Les citoyens qui avaient le *malheur* de porter le nom de Ferdinand, nom que l'adulation avait rendu on ne peut plus commun, ou le nom de tout autre roi, demandèrent au gouvernement républicain l'autorisation de changer juridiquement de nom, rougissant d'avoir quelque chose de commun avec les tyrans (1). Mille pamphlets dévoilant les mystères amoureux de la cour de Ferdinand et de Caroline furent publiés. Tantôt, c'était le Sebetus, petit ruisseau qui se jette dans la mer au pont de la Madeleine et qui, pareil à l'antique Scamandre, prenait la parole et se mettait du côté du peuple ; tantôt, c'était une affiche, appliquée contre les murs de l'église del Carmine, et sur laquelle étaient écrits ces mots :

(1) Nous avons sous les yeux une demande de ce genre, **signée d'un homme qui a été depuis ministre de Ferdinand II.**

Esci fuori, Lazzaro! (Lève-toi, Lazare, et sors de ta tombe.) Bien entendu que, dans cette circonstance, *Lazare* signifiait *lazzarone*, et lazzarone *Masaniello*. De son côté, Eleonora Pimentel, dans son *Moniteur parthénopéen*, excitait le zèle des patriotes et peignait Ruffo comme un chef de brigands et d'assassins, aspect sous lequel, grâce à l'ardente républicaine, il apparaît encore aujourd'hui aux yeux de la postérité.

Les femmes, excitées par elle, donnaient l'exemple du patriotisme, recherchant l'amour des patriotes, méprisant celui des aristocrates. Quelques-unes haranguaient le peuple du haut des balcons de leurs palais, lui expliquant ses intérêts et ses devoirs, tandis que Michelangelo Ciccone, l'ami de Cirillo, continuait de traduire en patois napolitain l'Évangile, c'est-à-dire le grand livre démocratique, adaptant à la liberté toutes les maximes de la doctrine chrétienne. Au milieu de la place Royale, tandis que les autres prêtres luttaient, dans les églises et dans les confessionnaux, contre les principes révolutionnaires, employant, pour effrayer les femmes, les menaces, pour réduire les hommes, les promesses,— au milieu de la place Royale, le père Benoni, religieux franciscain de Bologne, avait dressé sa chaire au pied de l'arbre de la Liberté, là justement où

Ferdinand, dans sa terreur de la tempête, avait juré d'élever une église à saint François de Paule, si jamais la Providence lui rendait son trône. Là, le crucifix à la main, il comparait les pures maximes dictées par Jésus aux peuples et aux rois à celles dont les rois avaient, pendant des siècles, usé vis-à-vis des peuples, qui, lions endormis, les avaient laissés faire pendant des siècles. Et, maintenant que ces lions étaient éveillés et prêts à rugir et à déchirer, il expliquait à l'un de ces peuples-lions le triple dogme, complétement inconnu à Naples à cette époque et à peine entrevu aujourd'hui, de la liberté, de l'égalité et de la fraternité.

Le cardinal-archevêque Capece Zurlo, soit crainte, soit conviction, appuyait les maximes prêchées par les prêtres patriotes et ordonnait des prières dans lesquelles le *Domine salvam fac rempublicam* remplaçait le *Domine salvum fac regem*. Il alla plus loin : il déclara dans une encyclique que les ennemis du nouveau gouvernement qui, d'une façon quelconque, travailleraient à sa ruine, seraient exclus de l'absolution, excepté *in extremis*. Il étendait même l'interdit jusqu'à ceux qui, connaissant des conspirateurs, des conspirations ou des dépôts d'armes, ne les dénonceraient pas. Enfin, les théâtres ne représentaient que des tragédies ou des drames dont les

8.

héros étaient Brutus, Timoléon, Harmodius, Cassius ou Caton.

Ce fut à la fin de ces spectacles, le 14 mai, que l'on apprit la prise et la dévastation d'Altamura. L'acteur chargé du principal rôle vint non-seulement annoncer cette nouvelle, mais raconter les circonstances terribles qui avaient suivi la chute de la ville républicaine. Un inexprimable sentiment d'horreur accueillit ce récit; tous les spectateurs se levèrent comme secoués par une commotion électrique, et, d'une seule voix, s'écrièrent : « Mort aux tyrans! Vive la liberté ! »

Puis, à l'instant même, et sans que l'ordre en eût été donné, éclata comme un tonnerre, à l'orchestre, *la Marseillaise* napolitaine, *l'Hymne à la Liberté*, de Vicenzo Monti, qu'avait récité la Pimentel chez la duchesse Fusco, la veille du jour où avait été fondé *le Moniteur parthénopéen.*

Cette fois, le danger soulevait le voile des illusions et montrait son visage effaré. Il ne s'agissait plus de perdre le temps en vaines paroles : il fallait agir.

Salvato, usant de la liberté momentanée qui lui était rendue, donna le premier l'exemple. Au risque d'être pris par des brigands, muni des pouvoirs de son père, il partit pour le comté de Molise, et, tant par ses fermiers que par ses intendants, réunit une somme de près de deux cent mille francs, et créa un corps de volontaires calabrais qui prit le nom de *légion calabraise*. C'étaient d'ardents soutiens de la liberté, tous ennemis personnels du cardinal Ruffo, et ayant chacun quelque mort à venger contre les sanfédistes ou leur chef, et résolus à laver le sang avec le sang. Ces mots inscrits sur leurs bannières indiquaient le serment terrible qu'ils avaient fait :

NOUS VENGER, VAINCRE OU MOURIR!

Le duc de Rocca-Romana, excité par cet exemple, — on le croyait du moins, — sortit de son harem de la Descente du géant et demanda et obtint l'autorisation de lever un régiment de cavalerie.

Schipani réorganisa son corps d'armée, détruit et dispersé : il en fit deux légions, donna le commandement de l'une à Spano, Calabrais comptant de longues années de service dans les grades inférieurs de l'armée, et prit le commandement de l'autre.

Abrial, de son côté, remplissait consciencieusement la mission à lui confiée par le Directoire.

Le pouvoir législatif fut remis par lui aux mains de vingt-cinq citoyens ; le pouvoir exécutif à cinq, le ministère à quatre.

Lui-même choisit les membres qui devaient faire partie de ces trois pouvoirs.

Au nombre des nouveaux élus à ce terrible honneur, qui devait coûter la vie à la plupart, était une de nos premières connaissances, le docteur Dominique Cirillo.]

Lorsqu'on lui annonça le choix que l'agent français avait fait de lui, il répondit :

— Le danger est grand, mais l'honneur est plus grand encore. Je dévoue à la République mes faibles talents, mes forces, ma vie.

Manthonnet, de son côté, travaillait nuit et jour à la réorganisation de l'armée. Au bout de quelques jours, en effet, une armée nouvelle était prête à marcher au-devant du cardinal, que l'on sentait pour ainsi dire s'approcher d'instant en instant.

Mais, auparavant, cœur généreux qu'était le ministre de la guerre, il voulut donner à la ville un spectacle qui, tout à la fois, la rassurât et l'exaltât.

Il annonça la fête de la Fraternité.

Le jour marqué pour cette fête, la ville s'éveilla au son des cloches, des canons et des tambourins, comme elle avait l'habitude de le faire dans ses jours les plus heureux.

Toute la garde nationale à pied eut l'ordre de se placer en haie dans la rue de Tolède ; toute la garde nationale à cheval se rangea en bataille sur la place du Palais; toute l'infanterie de ligne se massa place du Château.

Disons en passant, qu'il n'y a peut-être pas une capitale au monde où la garde nationale soit si bien organisée qu'à Naples.

Un grand espace était resté libre autour de l'arbre de la Liberté, à dix pas duquel était dressé un bûcher.

Vers onze heures du matin, par une magnifique journée de la fin du mois de mai, toutes les fenêtres étant pavoisées de drapeaux aux couleurs de la République, toutes les femmes garnissant ces fenêtres et secouant leurs mouchoirs aux cris de « Vive la République! » on vit, du haut de la rue de Tolède, s'avancer un immense cortége.

C'étaient d'abord tous les membres du nouveau gouvernement nommés par Abrial, ayant à leur tête le général Manthonnet.

Derrière eux, marchait l'artillerie; puis venaient les trois bannières prises aux bourboniens, une aux Anglais, les deux autres aux sanfédistes, puis cinq ou six cents portraits de la reine et du roi recueillis de toutes parts et destinés au feu; enfin, enchaînés deux à deux, les prisonniers de Castellamare et des villages voisins.

Une masse de peuple, pleine de rumeurs de vengeance et de menaces de haine, suivait en hurlant : « A mort les sanfédistes ! à mort les bourboniens ! » Car le peuple, avec ses idées de sang, ne pouvait se figurer que l'on tirât les captifs de leur prison pour autre chose que pour les égorger.

Et c'était bien aussi la conviction des pauvres prisonniers, qui, à part quelques-uns qui semblaient porter un défi à leurs futurs bourreaux, marchaient la tête basse et pleurant.

Manthonnet fit un discours à l'armée pour lui rappeler ses devoirs aux jours de l'invasion.

L'orateur du gouvernement fit un discours au peuple, dans lequel il lui prêcha le respect de la vie et de la propriété.

Après quoi, on alluma le bûcher.

Alors, le ministre des finances s'approcha des flammes et y jeta une masse de billets de banque montant à la somme de six millions de francs, économies que, malgré la misère publique, le gouvernement avait faites en deux mois.

Après les billets de banque vinrent les portraits.

Depuis le premier jusqu'au dernier, tous furent brûlés, aux cris de « Vive la République ! »

Mais, quand le tour vint d'y jeter les bannières, le peuple se rua sur ceux qui les portaient, s'empara d'elles, les traîna dans la boue et finit par les déchirer en petits morceaux, que les soldats placèrent, fragments presque impalpables, au bout de leur baïonnette.

Restaient les prisonniers.

On les força de s'approcher du bûcher, on les groupa au pied de l'arbre de la Liberté, on les entoura d'un cercle de baïonnettes, et, au moment où ils n'attendaient plus que la mort, au moment où le peuple, les yeux flamboyants, aiguisait ses ongles et ses couteaux, Manthonnet cria :

— A bas les chaînes !

Alors, les principales dames de la ville, la duchesse de Popoli, la duchesse de Conzano, la duchesse Fusco, Eleonora Pimentel se précipitèrent, au milieu des hourras, des bravos, des larmes, des étonnements ; elles détachèrent les chaînes des trois cents prisonniers sauvés de la mort, au milieu des cris de « Grâce ! » et de ceux mille fois répétés de « Vive la République ! »

En même temps, d'autres dames entrèrent dans le cercle avec des verres et des bouteilles, et les prisonniers, en étendant vers l'arbre de la Liberté leurs bras redevenus libres, burent au salut et à la prospérité de ceux qui avaient su vaincre, et, chose plus difficile, qui avaient su pardonner.

Cette fête, comme nous l'avons dit, reçut le nom de fête de la Fraternité.

Le soir, Naples fut illuminé *à giorno*.

Hélas ! c'était son dernier jour de fête : le lendemain était celui du départ de l'armée, et l'on commençait d'entrer dans les jours de deuil.

Un triste épisode marqua les dernières heures de cette grande journée.

Vers cinq heures du soir, on apprit que le duc de Rocca-Romana, qui avait demandé et obtenu l'autorisation de former un régiment de cavalerie, ayant formé ce régiment, était passé avec lui aux insurgés.

Une heure après, sur la place même du Château, où l'on venait de délivrer les prisonniers, et où eux-mêmes buvaient au salut de la République, son frère Nicolino Caracciolo, se présentait la tête basse, la rougeur au front, la voix tremblante.

Il venait déclarer au Directoire napolitain que le crime de son frère était si grand à ses propres yeux, qu'il lui semblait que, comme aux jours antiques, ce crime devait être expié par un innocent. Il venait, en conséquence, demander dans quelle prison il devait se rendre pour y subir le jugement qu'il plairait à un tribunal militaire de lui imposer, et qui seul pouvait laver la honte que la défection de son frère faisait rejaillir sur sa famille; que si, au contraire, la République lui conservait son estime, il prouverait à la République qu'il était son fils et non le frère de Rocca-Romana, en levant un régiment avec lequel il s'engageait à aller combattre son frère.

D'unanimes applaudissements accueillirent la proposition du jeune patriote. On lui vota d'enthousiasme la permission qu'il demandait. Enfin le Directoire déclara à l'unanimité que le crime de son frère était un crime personnel qui ne pouvait aucunement rejaillir sur les membres de sa famille.

Et, en effet, Nicolino Caracciolo leva, de ses propres deniers, un régiment de hussards, avec lequel il put, en brave et loyal patriote, prendre part aux dernières batailles de la République.

LII

HOMMES ET LOUPS DE MER

Le nom de Nicolino Caracciolo, que nous venons de prononcer, nous rappelle qu'il est temps que nous revenions à un des personnages principaux de notre histoire, oublié par nous depuis longtemps, à l'amiral François Caracciolo.

Oublié, non; nous avons eu tort de nous servir de cette expression : aucun des personnages prenant part aux événements de ce long récit n'est jamais oublié complétement par nous; seulement, notre œil, comme celui du lecteur, ne peut embrasser qu'un certain horizon, et, dans cet horizon, où il n'y a de place à la fois que pour un certain nombre de personnages, les uns, en entrant, doivent nécessairement, momentanément du moins, pousser les autres dehors, jusqu'au moment où, la progression des événements y ramenant ceux-ci à leur tour, ils rentrent en lumière et font, par l'ombre qu'ils jettent, rentrer ceux auxquels ils succèdent dans la demi-teinte ou dans l'obscurité.

L'amiral François Caracciolo eût bien voulu rester dans cette obscurité ou dans cette demi-teinte; mais c'était chose impossible à un homme de cette valeur. Bloquée par mer, en même temps que la réaction, pas à pas, s'avançait vers elle par terre, Naples, qui avait vu détruire par Nelson, sous ses yeux et sous les yeux de son roi, cette marine qui lui avait coûté si cher, avait songé à réorganiser non point quelque chose de pareil à la magnifique flotte qu'elle avait perdue, mais tout au moins quelques chaloupes canonnières avec lesquelles elle pût aider le canon de ses forts à s'opposer au débarquement de l'ennemi.

Le seul officier de marine napolitain qui eût un mérite incontestable et incontesté, était François Caracciolo. Aussi, dès que le gouvernement républicain eût décidé de créer des moyens de défense maritimes, quels qu'ils fussent, on jeta les yeux sur lui non-seulement pour en faire le ministre de la marine, mais encore pour lui donner comme amiral le commandement du peu de bâtiments que, comme ministre, il pourrait mettre en mer.

Caracciolo hésita un instant entre le salut de la patrie et le péril personnel qu'il affrontait en prenant parti pour la République. D'ailleurs, ses sentiments personnels, sa naissance princière, le milieu dans lequel il avait vécu, l'entraînaient bien plutôt vers les principes royalistes que vers des opinions démocratiques. Mais Manthonnet et ses collègues insistèrent tellement près de lui, qu'il céda, tout en avouant qu'il cédait à regret et contre ses intimes convictions.

Mais, on l'a vu, Caracciolo avait été profondément blessé de la préférence donnée à Nelson sur lui, pour le passage de la famille royale en Sicile. La présence du duc de Calabre à son bord lui avait paru plutôt un accident qu'une faveur, et, au fond du cœur, un certain désir de vengeance, dont il ne se rendait pas compte lui-même et qu'il déguisait sous le nom d'amour de la patrie, le poussait à faire repentir ses souverains du mépris qu'ils avaient fait de lui.

Il en résulta que, dès qu'il eut pris son parti de servir la République, Caracciolo s'y appliqua non-seulement en homme d'honneur, mais en homme de génie qu'il était. Il arma du mieux qu'il put, et avec une merveilleuse rapidité, une douzaine de barques canonnières, qui, réunies à celles qu'il fit construire, et à trois navires que le commandant du port de Castellamare avait sauvés de l'incendie, lui constituèrent une petite flottille d'une trentaine de bâtiments.

L'amiral en était là et n'attendait qu'une occasion d'en venir aux mains d'une façon avantageuse avec les Anglais, lorsqu'il s'aperçut, un matin, qu'au lieu des douze ou quinze bâtiments anglais qui, la veille encore, bloquaient la baie de Naples, il n'en restait plus que trois ou quatre : les autres avaient disparu dans la nuit.

Faisons une enjambée de Naples à Palerme, et voyons ce qui s'y est passé depuis le départ de la bannière royale.

On se rappelle que le commodore Troubridge, cédant au besoin qu'éprouvait la population de voir pendre dix ou douze républicains, avait prié le roi d'envoyer un juge par le retour du *Perseus*, et que, le roi ayant demandé ce juge au président Cardillo, celui-ci lui avait indiqué comme un homme sur lequel il pouvait compter le conseiller Speciale.

Speciale avait, avant son départ, été reçu en audience particulière par le roi et par la reine, qui lui avaient donné ses instructions, et était, comme l'avait demandé Troubridge, arrivé à Ischia par le retour du *Perseus*.

Son premier acte fut de condamner à mort un pauvre diable de tailleur dont le crime unique était d'avoir fourni des habits républicains aux nouveaux officiers municipaux.

Au reste, nous laisserons, pour donner à nos lecteurs une idée de ce qu'était au moral le conseiller Speciale, nous laisserons, disons-nous, parler Troubridge, qui, on le sait, n'est pas tendre à l'endroit des républicains.

Voici quelques lettres du commodore Troubridge que nous traduisons de l'original et que nous mettons sous les yeux de nos lecteurs.

Comme celles que nous avons déjà lues, elles sont adressées à l'amiral Nelson.

« A bord du *Culloden,* en vue de Procida,
13 avril 1799.

» Le juge est arrivé. Je dois dire qu'il m'a fait l'impression de la plus venimeuse créature qui se puisse voir. Il a l'air d'avoir complétement perdu la raison. Il dit qu'une soixantaine de familles lui sont indiquées (par qui?), et qu'il lui faut absolument un évêque pour désacrer les prêtres, ou que, sinon, il ne pourra pas les faire exécuter. Je lui ai dit : « Pendez-
» les toujours, et, si vous ne les trouvez pas assez
» désacrés par la corde, nous verrons après. »

» TROUBRIDGE. »

Ceci demande une explication : nous la donnerons, si terrible qu'elle soit et quelque souvenir qu'elle éveille.

En effet, en Italie, — je ne sais s'il en est de même en France, et si Vergès, avant d'être exécuté, avait été dégradé, — en effet, en Italie, la personne du prêtre est sacrée, et le bourreau ne peut le toucher, quelque crime qu'il ait commis, que lorsqu'il a été dégradé par un évêque.

Or, on se le rappelle, Troubridge avait lâché toute sa meute, espions et sbires, il le dit lui-même, soixante Suisses et trois cents fidèles, sujets contre un pauvre prêtre nommé Albavena. Il ajoutait : « Avant la fin de la journée, j'espère l'avoir mort ou vivant. » Sa bonne fortune avait été complète. Le commodore Troubridge avait eu Albavena vivant.

Il avait cru que, dès lors, la chose irait toute seule, qu'il n'aurait qu'à remettre le prêtre aux mains du bourreau qui le pendrait, et que tout serait dit.

La moitié du chemin vers la potence se fit comme l'avait prévu Troubridge ; mais, au moment de pendre l'homme, il se trouva qu'il y avait un nœud à la corde.

Le bourreau qui, en sa qualité de chrétien, savait ce qu'ignorait le protestant Troubridge, — le bourreau déclara qu'il ne pouvait pas pendre un prêtre avant dégradation.

Pendant que cette petite discussion avait lieu, Troubridge, qui l'ignorait encore, écrivait à Nelson cette seconde lettre, en date du 18 avril :

« Cher ami,

» Il y a deux jours que le juge est venu me trouver, m'offrant de prononcer toutes les sentences nécessaires ; seulement, il m'a laissé entendre que cette manière de procéder n'était peut être pas très-régulière. D'après ce qu'il m'a dit, j'ai cru comprendre que ses instructions lui enjoignaient de procéder le plus sommairement possible et *sous ma direction.* Oh! oh!

» Je lui ai dit que, quant à ce dernier point, il se trompait, attendu qu'il s'agissait de sujets italiens et non anglais (1).

» Au reste, sa manière de procéder est curieuse. Presque toujours les accusés sont absents, de manière que la procédure — cela est facile à comprendre — se trouve facilement terminée. Ce que je vois de plus clair dans tout cela, mon cher lord, c'est que l'on voudrait nous mettre sur le dos tout le côté odieux de l'affaire. Mais ce n'est point mon avis, et vous marcherez plus droit que cela, monsieur le juge, ou je vous bousculerai.

» TROUBRIDGE. »

Comme on le voit, le digne Anglais, qui s'était contenté de saluer la tête du commissaire Ferdinand Ruggi de ces mots : *Voilà un gai compagnon; quel dommage qu'il faille s'en séparer!* commençait déjà à se révolter contre Speciale. L'affaire de la dégradation du prêtre l'exaspéra, comme on va voir.

(1) On verra que ce scrupule n'arrêta point Nelson, lorsqu'il s'agit de juger Caracciolo.

Le 7 mai suivant, Troubridge écrivait à Nelson :

« Milord, j'ai eu une longue conversation avec notre juge : il m'a dit qu'il aurait terminé toutes ses opérations la semaine prochaine, et **que** ce n'était point l'habitude de ses collègues, et par conséquent la sienne, de se retirer *sans avoir condamné*. Il a ajouté que les condamnations prononcés, il s'embarquerait immédiatement sur un vaisseau de guerre. Il a dit encore — et il y tient — que, n'ayant pas d'évêque pour dégrader ses prêtres, il les enverrait en Sicile, où le roi les ferait désacrer, et que, de là, on les ramènerait ici pour les pendre. Et savez-vous sur quoi il compte pour faire cette besogne ? Sur un vaisseau anglais ! *Goddem!* Ce n'est pas le tout. Il paraît que le bourreau, faute d'habitude pend mal ; ce qui fait crier non-seulement le pendu, mais encore les assistants. Qu'est-il venu me demander ? Un pendeur ! Un pendeur, à moi ! comprenez-vous ? Oh ! quant à cela, je refuse et tout net. Si l'on ne trouve pas de bourreau à Procida ni à Ischia, qu'on en envoie un de Palerme. Je vois bien leur affaire. Ce sont eux qui tueront, et le sang retombera sur nous. On n'a pas idée de la façon de procéder de cet homme et de la manière dont se fait l'audition des témoins. Presque jamais les prévenus ne paraissent devant le juge pour entendre lire leur sentence. Mais notre juge y trouve son compte, attendu que la majeure partie des condamnés est fort riche.

» TROUBRIDGE. »

En vérité, ne vous semble-t-il pas que nous ne sommes plus à Naples, que nous ne sommes plus en Europe? Ne vous semble-t-il pas que nous sommes dans quelque petite baie de la Nouvelle-Calédonie et que nous assistons à un conseil d'anthropophages!

Mais attendez.

C'était à tort que le commodore Troubrige espérait faire partager à Nelson ses répugnances pour les actes, les faits et gestes, et surtout pour les demandes du juge Speciale. Le vaisseau anglais qui devait conduire les trois malheureux prêtres, — car ce n'était pas un prêtre seulement, ce n'était plus le curé Albavena qu'il s'agissait de désacrer, c'étaient trois prêtres, — fut accordé sans difficulté.

Or, savez-vous en quoi consistait cette cérémonie de la déconsécration?

On arracha aux trois prêtres la peau de la tonsure avec des tenailles, et on leur coupa avec un rasoir la chair des trois doigts avec lesquels les prêtres donnent la bénédiction; puis, ainsi mutilés, on les ramena, sur un vaisseau anglais, toujours aux îles, où ils furent pendus, et cela, par un pendeur anglais que Troubridge fut chargé de fournir (1).

Aussi tout était-il en train de se passer à merveille, lorsque, le 6 mai, c'est-à-dire la veille du jour où Troubridge écrivait à lord Nelson la lettre que nous venons de lire, l'amiral comte de Saint-Vincent, qui croisait dans le détroit de Gibraltar, fut étonné, vers les cinq heures de l'après-midi, par un temps pluvieux et obscur, de voir passer l'escadre française de Brest, qui avait glissé entre les doigts de lord Keith. Le comte de Saint-Vincent compta vingt-quatre vaisseaux.

Il écrivit aussitôt à lord Nelson pour lui annoncer cette étrange nouvelle, sur laquelle il ne pouvait conserver aucun doute. Un de ses bâtiments, *le Caméléon*, étant venu le rejoindre après avoir escorté des navires de Terra-Nova, chargés de sel, de Lisbonne à Saint-Uval, se trouva, le 5 au matin, engagé au beau milieu de la flotte. Il eût même été pris, sans aucun doute, si un lougre n'eût hissé sa bannière tricolore et tiré sur lui, le capitaine Style, qui commandait *le Caméléon*, ne faisant aucune attention à

(1) C'est ainsi que, sous Pie IX, fut mutilé par le légat Belletti, avant d'être fusillé par les Autrichiens, le chapelain de Garibaldi, Ugo Bassi. Il bénit ses meurtriers de sa main sanglante, et son énergique bénédiction leur envoya au visage une pluie de sang.

cette flotte, qu'il prenait pour celle de lord Keith.

L'amiral comte de Saint-Vincent ne pouvait avoir aucune communication avec lord Keith à cause du vent d'ouest qui continuait de souffler : il n'en fit pas moins partir un bâtiment léger pour lui donner, s'il le rencontrait, l'ordre de le rejoindre immédiatement, et il nolisa à Gibraltar un petit bâtiment pour porter sa lettre à Palerme.

Son opinion était que l'escadre française irait directement à Malte, et, de là, selon toute probabilité, à Alexandrie. Aussi expédia-t-il immédiatement *le Caméléon* vers ces deux points, et ordonna-t-il au capitaine Style de se tenir sur ses gardes.

Le comte de Saint-Vincent ne se trompait point dans ses conjectures : la flotte que *le Caméléon* avait vue passer, et que l'amiral avait entrevue à travers la pluie et le brouillard, était, en effet, la flotte française, commandée par le célèbre Brueix, qu'il ne faut pas confondre avec Brueis, coupé en deux par un boulet à Aboukir.

Cette flotte avait ordre de tromper la surveillance de lord Keith, de quitter Brest, d'entrer dans la Méditerranée et de faire voile pour Toulon, où elle attendrait les ordres du Directoire.

Ces ordres étaient d'une grande importance. Le Directoire, épouvanté des progrès des Autrichiens et des

Russes en Italie, progrès qui avaient fait, comme nous l'avons dit, rappeler Macdonald de Naples, redemandait Bonaparte à grands cris. La lettre que l'amiral Brueix devait recevoir à Toulon et qu'il était chargé de remettre au général en chef de l'armée d'Égypte, était conçue en ces termes :

Au général Bonaparte, commandant en chef l'armée d'Orient.

« Paris, le 26 mai 1799.

» Les efforts extraordinaires, citoyen général, que l'Autriche et la Russie ont déployés, l'aspect sérieux et presque alarmant qu'a pris la guerre, exigent que la République concentre ses forces.

» Le Directoire a, en conséquence, donné l'ordre à l'amiral Brueix d'employer tous les moyens en son pouvoir pour se rendre maître de la Méditerranée, toucher en Égypte, y prendre l'armée française et la ramener en France.

» Il est chargé de se concerter avec vous sur les moyens à prendre pour l'embarquement et le transport. Vous jugerez, citoyen général, si vous pouvez, sans danger, laisser en Égypte une partie de nos forces, et le Directoire vous autorise, en ce cas, à laisser le commandement de cette fraction à celui de vos lieutenants que vous en jugerez le plus digne.

» Le Directoire vous verrait avec plaisir, de nouveau à la tête des armées de la République, que vous avez si glorieusement commandées jusqu'aujourd'hui. »

Cette lettre était signée de Treilhard, de la Révellière-Lepaux et de Barras.

L'amiral Brueix l'allait chercher à Toulon, lorsqu'il traversa le détroit de Gibraltar, et c'était là les derniers ordres du gouvernement qu'il devait y prendre.

Le comte de Saint-Vincent ne se trompait donc point en pensant et en écrivant à lord Nelson que la destination de la flotte française était probablement Malte et Alexandrie.

Mais Ferdinand, qui n'avait pas le coup d'œil stratégique de l'amiral anglais, quitta immédiatement son château de Ficuzza, où un messager vint lui apporter la copie de la lettre du comte de Saint-Vincent à lord Nelson, et il accourut tout effaré à Palerme, ne doutant pas que la France, préoccupée de lui surtout, n'envoyât cette flotte pour s'emparer de la Sicile.

Il appela près de lui son bon ami le marquis de Circillo, et, qu'elle que fût sa répugnance à écrire, il traça sur le papier la proclamation suivante, qui indique le trouble où l'avait jeté la terrible nouvelle.

Comme toujours, nous copions sur l'original cette

pièce d'autant plus curieuse que, circonscrite à la Sicile, elle n'a jamais été connue des historiens français ni même napolitains.

La voici :

« Ferdinand, par la grâce de Dieu, roi des Deux-Siciles et de Jérusalem, infant d'Espagne, duc de Parme, Plaisance, Castro, grand prince héréditaire de Toscane.

» Mes fidèles et bien-aimés sujets.

» Nos ennemis, les ennemis de la sainte religion, et, en un mot, de tout gouvernement régulier, les Français, battus de tous côtés, tentent un dernier effort.

» Dix-neuf vaisseaux et quelques frégates, derniers restes de leur puissance maritime à l'agonie, sont sortis du port de Brest, et, profitant d'un coup de vent favorable, sont entrés dans la Méditerranée.

» Ils vont peut-être tenter de faire lever le blocus de Malte et se flattent probablement de pouvoir atteindre impunément l'Égypte avant que les formidables et toujours victorieuses escadres anglaises puissent les rejoindre; mais plus de trente vaisseaux britanniques sont à leur poursuite, et cela, sans compter l'escadre turque et russe, qui croise dans l'Adriatique. Tout promet que ces Français dévastateurs, une fois encore, porteront la peine de cette tentative, aussi téméraire que désespérée.

» Il pourrait arriver que, dans le passage sur les côtes de Sicile, ils tentassent contre nous quelque insulte momentanée, ou que, contraints par les Anglais et le vent, ils voulussent forcer l'entrée de quelque port ou la rade de quelque île. Prévoyant donc cette possibilité, je me tourne vers vous, mes chers, mes bien-aimés sujets, mes braves et religieux Siciliens. Voici une occasion de vous montrer ce que vous êtes. Soyez vigilants sur tous les points de la côte, et, à l'apparition de tout bâtiment ennemi, armez-vous, accourez sur les points menacés et empêchez toute insulte et tout débarquement qu'aurait l'audace de tenter ce cruel destructeur, cet insatiable ennemi, et cela, comme vous le faisiez du temps des invasions barbaresques. Pensez que, plus avides de rapine, cent fois plus inhumains, sont les Français. Les chefs militaires, la troupe de ligne et les milices avec leurs chefs accourront avec vous à la défense de notre territoire, et, s'ils osent débarquer, ils éprouveront, pour la seconde fois, le courage de la brave nation sicilienne. Montrez-vous donc dignes de vos ancêtres, et que les Français trouvent dans cette île leur tombeau.

» Si vos aïeux combattirent aussi bravement qu'ils

le firent en faveur d'un roi éloigné, avec quel courage et quelle ardeur ne combattrez-vous pas, vous, pour défendre votre roi, que dis-je! votre père, qui, au milieu de vous et à votre tête, combattra le premier, pour défendre votre tendre mère et souveraine, sa famille, qui s'est confiée à votre fidélité, notre sainte religion, qui n'a d'appui que vous, nos autels, nos propriétés, vos pères, vos mères, vos épouses, vos fils ! Jetez un regard sur mon malheureux royaume du continent ; voyez quels excès les Français y commettent, et enflammez-vous d'un saint zèle; car la religion elle-même, tout ennemie du sang qu'elle est, vous ordonne de saisir vos armes et de repousser cet ennemi rapace et immonde qui, non content de dévaster une grande partie de l'Europe, a osé mettre la main sur la personne sacrée du vicaire même de Jésus-Christ et le traîne captif en France. Ne craignez rien : Dieu soutiendra vos bras et vous donnera la victoire. Il s'est déjà déclaré pour nous.

» Les Français sont battus par les Autrichiens et par les Russes en Italie, en Suisse, sur le Rhin et jusque par nos fidèles paysans des Abruzzes, de la Pouille et de la Terre de Labour.

» Qui ne les craint pas les bat, et leurs victoires passées ne sont l'effet que de la trahison et de la lâcheté. Courage donc, ô mes braves Siciliens! Je suis à votre tête, vous combattrez sous mes yeux et je récompenserai les braves ; et nous aussi alors, nous pourrons nous vanter d'avoir contribué à détruire l'ennemi de Dieu, du trône et de la société.

» FERDINAND B.

» Palerme, 15 mai 1799. »

C'étaient ces événements qui avaient amené la levée du blocus de Naples, et, sauf trois, la disparition des bâtiments anglais. Le post-scriptum d'une lettre de Caroline au cardinal Ruffo, en date du 17 mai 1799, annonce que dix de ces bâtiments sont déjà en vue de Palerme :

« 17 mai après dîner.

» *P.-S.* — L'avis nous est arrivé que Naples et Capoue son évacués par l'armée française et que cinq cents Français seulement sont demeurés au château Saint-Elme. Je n'en crois rien : nos ennemis ont trop de cervelle pour laisser ainsi cinq cents hommes perdus au milieu de nous. Qu'ils aient évacué Capoue et Gaete, je le crois ; qu'ils prennent quelque bonne position, je le crois encore. Quant au château de l'OEuf, on assure qu'il est gardé par trois cents étudiants calabrais. En somme, voilà de bonnes nouvelles, surtout si l'on ajoute que dix vaisseaux anglais sont déjà en vue de Palerme et qu'on espère qu'ils seront tous réunis cette nuit ou demain matin. Voilà donc le plus fort du danger passé, et je voudrais donner des ailes à ma lettre pour qu'elle portât plus rapidement ces bonnes nouvelles à Votre Éminence, et l'assure de nouveau de la constante estime et de la reconnaissance éternelle avec laquelle je suis pour toujours votre véritable amie.

» Caroline. »

Peut-être le lecteur, croyant que j'oublie les deux héros de notre histoire, me demandera-t-il ce qu'ils faisaient au milieu de ces grands événements : ils faisaient ce que font les oiseaux dans les tempêtes, ils s'abritaient à l'ombre de leur amour.

Salvato était heureux, Luisa tâchait d'être heureuse.

Par malheur, Simon et André Backer n'avaient point été compris dans l'amnistie de la fête de la Fraternité.

LIII

LE REBELLE

Un matin, Naples tressaillit au bruit du canon.

Trois bâtiments, nous l'avons dit, restaient seuls en observation dans la rade de Naples. Au nombre de ces trois bâtiments était *la Minerve*, autrefois montée par l'amiral Caracciolo, maintenant par un capitaine allemand nommé le comte de Thurn.

La nouvelle de l'apparition d'une flotte française dans la Méditerranée était parvenue au gouvernement républicain, et Éléonore Pimentel avait, dans son *Moniteur*, hautement annoncé que cette flotte venait au secours de Naples.

Caracciolo, qui avait franchement pris le parti de la République, et qui, comme tous les hommes de loyauté et de cœur, ne se donnait pas à moitié; Caracciolo résolut de profiter du départ de la majeure partie des vaisseaux anglais pour essayer de reprendre les îles, déjà couvertes de gibets par Speciale.

Il choisit un beau jour de mai où la mer était calme, et, sortant de Naples, protégé par les batteries du fort de Baïa et par celles de Miliscola, il fit attaquer par son aile gauche les bâtiments anglais, tandis que de sa personne il attaquait le comte de Thurn, qui commandait, ainsi que nous l'avons dit, *la Minerve*, c'est-à-dire l'ancienne frégate de Caracciolo.

Ce fut cette attaque contre un bâtiment portant la bannière royale qui, plus tard, fournit la principale accusation contre Caracciolo.

Par malheur, le vent soufflait du sud-ouest et était entièrement contraire aux chaloupes canonnières et aux petits bâtiments de la République. Caracciolo aborda deux fois corps à corps *la Minerve*, qui, deux fois, par la puissance de ses manœuvres, lui échappa. Son aile gauche, sous le commandement de l'ancien gouverneur de Castellamare, le même qui avait conservé trois vaisseaux à la République, et qui, quoiqu'il s'appelât de Simone, n'avait aucun rapport de parenté avec le sbire de la reine, allait même s'emparer de Procida, lorsque le vent, qui s'était levé pendant le combat, se changea en tempête et força toute la petite flottille à virer de bord et à rentrer à Naples.

Ce combat — qui s'était passé sous les yeux des

Napolitains, lesquels, sortis de la ville, couvraient les rivages du Pausilippe, de Pouzzoles et de Misène, tandis que les terrasses des maisons étaient couvertes de femmes qui n'avaient point osé se hasarder hors de la ville, — fit le plus grand honneur à Caracciolo, et fut un triomphe pour ses hommes. Tout en faisant éprouver une perte sérieuse aux Anglais, il n'eut que cinq marins tués, ce qui était un miracle après trois heures de combat. Il est vrai que, comme il était indispensable de faire croire que l'on pouvait lutter avec les Anglais, on fit grand bruit de cette escarmouche, à laquelle l'amour-propre national et surtout le *Moniteur parthénopéen* donnèrent beaucoup plus d'importance qu'elle n'en avait. Il en résulta, que cette prétendue victoire parvint jusqu'à Palerme, augmenta encore la haine de la reine contre Caracciolo, et lui donna contre lui une arme auprès du roi.

Et, en effet, à partir de ce moment, Carraciolo était véritablement un rebelle, ayant tiré sur le drapeau de son souverain.

Au reste, satisfait de la tentative qu'il avait essayée avec sa marine naissante, le gouvernement républicain vota des remercîments à Caracciolo, fit donner cinquante ducats à chaque veuve des marins tués pendant la bataille, ordonna que leurs fils seraient adoptés par la patrie et toucheraient la même paye que recevaient leurs pères morts.

Ce ne fut point le tout. On donna un banquet sur la place Nationale, l'ancienne place du Château, et à ce banquet furent invités avec toute leur famille ceux qui avaient pris part à l'expédition.

Pendant le banquet, une quête et une souscription furent faites parmi les spectateurs pour subvenir aux frais de construction de nouveaux bâtiments, et, dès le lendemain, avec les premiers fonds versés, on se mit à l'œuvre.

A aucune de ces fêtes patriotiques, à aucun de ces banquets, à aucune de ces assemblées Luisa ne paraissait. Elle avait complétement cessé de fréquenter le salon de la duchesse Fusco : elle restait renfermée chez elle. Son seul désir était de se faire oublier.

Puis un remords lui rongeait le cœur. Cette accusation portée contre les Backer, accusation qui lui était attribuée, cette arrestation qui en avait été la suite, cette épée de Damoclès suspendue sur la tête d'un homme qui s'était perdu pour l'avoir trop aimée, étaient pour elle, du moment qu'elle se trouvait seule avec sa pensée, un éternel sujet de tristesse et de larmes.

Nous avons dit qu'un dernier effort avait été fait, et que l'on avait mis sur pied, pour marcher contre les sanfédistes, tout ce qu'on avait pu réunir de patriotes dévoués.

Mais le départ des Français avait porté un coup terrible à la République.

Réduit à son corps de Napolitains, Hector Caraffa, le héros d'Andria et de Trani, s'était trouvé trop faible pour résister aux nombreux ennemis qui l'entouraient, et s'était renfermé dans Pescara, où il était bloqué par Pronio.

Banetti, ancien officier bourbonien dont on avait fait un chef de brigade, avait été battu par Fra-Diavolo et par Mammone, et était revenu blessé à Naples.

Schipani, avec une nouvelle armée réorganisée tant bien que mal, avait été attaqué et vaincu par les populations de la Cava, de Castellamare et des villages voisins, et ne s'était reformé que derrière le village de Torre-del-Greco.

Enfin, Manthonnet, qui marchait contre Ruffo, ne put arriver jusqu'à lui; serré de tous côtés par les populations, menacé d'être coupé par les sanfédistes, il avait été contraint de battre en retraite sans avoir été plus loin que la Terre de Bari.

Toutes ces nouvelles arrivaient à Salvato, chargé de garder Naples et d'y maintenir la tranquillité avec sa légion calabraise. Ce poste difficile, mais qui lui permettait de veiller sur Luisa, de la voir tous les jours, de la soutenir, de la consoler, lui avait été donné, non pas sur sa demande, mais à cause de sa fermeté et de son courage bien reconnus, et puis encore du profond dévouement qu'avait pour lui Michele, qui, comme chef du peuple, pouvait rendre de grands services ou faire de grands torts à la République, soit en la servant, soit en la trahissant. Mais, par bonheur, Michele était ferme dans sa foi. Devenu républicain par reconnaissance, il restait républicain par conviction.

Le miracle de saint Janvier a lieu deux fois l'an, sans compter les miracles hors tour. Le jour du miracle officiel approchait, et tout le monde se demandait si saint Janvier resterait fidèle aux sympathies qu'il avait manifestées pour la République au moment où la République, abandonnée par les Français, était si cruellement menacée par les sanfédistes. Il s'agissait pour saint Janvier d'une position importante à perdre ou à gagner. En trahissant les patriotes comme Rocca-Romana, il se raccommodait évidemment avec le roi, et restait, en cas de restauration, le protecteur de Naples; en demeurant fidèle à la République, il partageait sa fortune, tombait avec elle ou restait debout avec elle.

Toutes les autres préoccupations politiques furent

mises à part pour faire place aux préoccupations religieuses.

Salvato, chargé de la tranquillité de la ville et sûr de ses Calabrais, les disposa stratégiquement, de manière à faire face à l'émeute, mais laissa entièrement au saint son libre arbitre. Jeune patriote, ardent, brave jusqu'à la témérité, peut-être n'eût-il point été fâché d'avoir à en finir d'un seul coup avec le parti réactionnaire, qu'il était facile de reconnaître plus agité et plus agissant que jamais.

Un soir, Michele était venu prévenir Salvato qu'il avait su par Assunta, qui le tenait de ses frères et du vieux Basso-Tomeo, que la contre-révolution devait avoir lieu le lendemain et qu'un complot dans le genre de celui des Backer devait éclater.

Il prit à l'instant même toutes ses dispositions, ordonna à Michele de faire mettre ses hommes sous les armes, prit cinq cents hommes de ses lazzaroni pour garder les quartiers aristocratiques avec ses Calabrais, lui donna mille Calabrais pour garder les vieux quartiers avec ses lazzaroni, et attendit tranquillement que la réaction donnât signe de vie.

La réaction resta muette ; mais, au lever du jour, sans que l'on sût comment ni par qui, on trouva plus de mille maisons marquées d'une croix rouge.

C'étaient les maisons désignées au pillage seulement.

Sur les portes de trois ou quatre cents maisons, la croix rouge était surmontée d'un signe noir pareil à un point posé sur un *i*.

C'étaient les maisons destinées au massacre.

Ces menaces qui indiquaient une guerre implacable, étaient mal venues s'adressant à Salvato, dont la sauvage valeur se roidissait contre les obstacles et les brisait, au risque d'être brisé par eux.

Il alla trouver le Directoire, qui, sur sa proposition, ordonna que tous les citoyens en état de porter les armes, à l'exception des lazzaroni, seraient forcés d'entrer dans la garde nationale; déclara que tous les employés, excepté les membres du Directoire, forcés de rester à leur poste, et des quatre ministres, seraient également inscrits sur les rôles de la garde nationale, attendu que c'était à eux, attachés par leur emploi au gouvernement, de donner, en combattant au premier rang, l'exemple du courage et du patriotisme.

Puis, comme plein pouvoir lui fut donné pour la compression de la révolte, il fit arrêter plus de trois mille personnes, au nombre desquelles le troisième frère du cardinal Ruffo; fit conduire les trois cents principaux au Château-Neuf ou au château de

'Œuf, fit miner les forteresses pour les faire sauter avec les prisonniers qu'elles renfermaient, quand il n'y aurait plus moyen de les défendre, et laissa entendre qu'il se proposait de faire passer sous la ville des conduits pleins de poudre, afin que les royalistes comprissent qu'il s'agissait non pas d'un combat à armes courtoises, mais d'une guerre d'extermination, et qu'il n'y avait pour eux et les républicains d'autre espérance qu'une même mort, dans le cas où le cardinal Ruffo s'obstinerait à vouloir reprendre Naples.

Enfin, toujours à l'instigation de Salvato, dont l'âme ardente semblait se répandre en langues de feu, toutes les sociétés patriotiques, s'armèrent, se choisirent des officiers et élurent pour leur commandant un brave colonel suisse, autrefois au service des Bourbons, mais à la parole duquel on pouvait se fier, nommé Joseph Writz.

Au milieu de tous ces événements, le jour du miracle arriva. Il était facile de comprendre avec quelle impatience ce jour était attendu par les bourboniens, et avec quelle terreur les patriotes aux âmes faibles le voyaient venir.

Avons-nous besoin de dire à quelle angoisse, au milieu de tous ces événements divers, était en proie le cœur de la pauvre Luisa, qui ne vivait que dans

Salvato et par Salvato, lequel lui-même ne vivait que par miracle au milieu des poignards auxquels il avait déjà si miraculeusement échappé une première fois, et qui, à toutes les terreurs de sa maîtresse, répondait :

— Tranquillise-toi, chère Luisa; ce qu'il y a de plus prudent à Naples, c'est le courage.

Quoique Luisa ne sortît plus depuis longtemps, le jour où devait s'opérer le miracle elle était, au point du jour, dans l'église de Santa-Chiara, priant devant la balustrade. L'instruction n'avait pu, chez elle, tuer le préjugé napolitain : elle croyait à saint Janvier et à son miracle.

Seulement, en priant pour le miracle, elle priait pour Salvato.

Saint Janvier l'exauça. A peine le Directoire, le Corps législatif et les fonctionnaires publics, revêtus de leurs uniformes, furent-ils entrés dans l'église, à peine la cavalerie et l'infanterie de la garde nationale se furent-elles massées à la porte, que le miracle se fit.

Décidément, saint Janvier restait ferme dans son opinion et était toujours jacobin.

Luisa rentra chez elle en bénissant saint Janvier et en croyant plus que jamais à sa puissance.

LIV

DE QUELS ÉLÉMENTS SE COMPOSAIT L'ARMÉE CATHOLIQUE DE LA SAINTE-FOI

Nous avons, on se le rappelle, laissé le cardinal Ruffo à Altamura. Après une halte de quatorze jours, le 24 mai, il se remit en marche, passant successivement par Gravina, Paggio, Ursino, Spinazzola, Venosa, la patrie d'Horace, puis Melfi, Ascoli et Bovino.

Que l'on permette à celui qui écrit ces lignes de s'arrêter un instant à un épisode par lequel l'histoire de sa famille se trouve mêlée à l'histoire de Naples.

Pendant son séjour à Altamura, le cardinal reçut du savant Dolomieu une lettre datée de Brindisi; il était prisonnier dans la forteresse de cette ville, avec le général Manscourt et le général Alexandre Dumas, mon père.

Voici comment la chose était arrivée :

Le général Alexandre Dumas, à la suite de sa brouille avec Bonaparte, avait demandé et obtenu la permission de revenir en France.

En conséquence, le 9 mars 1799, ayant frété un petit bâtiment et y ayant donné passage à ses deux amis, le général Manscourt et le savant Dolomieu, il partit d'Alexandrie.

Le bâtiment s'appelait *la Belle-Maltaise;* le capitaine était Maltais, on voyageait sous pavillon neutre.

Le capitaine s'appelait Félix.

Le bâtiment avait besoin de réparations. Il fut convenu que ces réparations seraient faites au nom de celui qui le nolisait. Les experts les estimant à soixante louis, le capitaine Félix en reçut cent, dit qu'il avait fait les réparations, et l'on partit sur cette assurance.

Il ne les avait pas faites.

A quarante lieues d'Alexandrie, le bâtiment avait commencé de faire eau. Par malheur, il était impossible, à cause du vent contraire, de rentrer dans le port dont on venait de sortir. On résolut de continuer la route avec le plus de toile possible; seulement, plus il allait vite, plus le bâtiment se fatiguait.

Le troisième jour, la situation était presque désespérée.

On commença par jeter à la mer les dix pièces de canon qui faisaient la défense du bâtiment, puis neuf chevaux arabes que le général Dumas ramenait en France, puis un chargement de café, et enfin jusqu'aux malles des passagers.

Malgré cet allégement, le navire s'enfonçait de plus en plus. On prit hauteur, on était à l'entrée du golfe Adriatique. On convint de gagner le port le plus proche, c'était Tarente.

Le dixième jour, on eut connaissance de la terre. Il était temps : vingt-quatre heures de plus, et le navire sombrait sous voiles.

Les passagers, privés de toute nouvelle depuis leur séjour en Égypte, ignoraient que Naples fût en guerre avec la France.

On mouilla à une petite île située à une lieue de Tarente, à peu près; de cette île, le général Dumas avait envoyé le patron au gouverneur de la ville pour exposer la détresse des passagers et réclamer des secours.

Le capitaine rapporta du gouverneur de Tarente une réponse verbale qui invitait les Français à débarquer en toute confiance.

En conséquence, *la Belle-Maltaise* reprit la mer,

et, une demi-heure après, elle entrait dans le port de Tarente.

Les passagers descendirent les uns après les autres, furent fouillés, entassés dans la même chambre, où l'on finit par leur déclarer qu'ils étaient prisonniers de guerre.

Le troisième jour, on donna, aux trois prisonniers principaux, c'est-à-dire au général Manscourt, à Dolomieu et au général Dumas une chambre particulière.

Ce fut alors que Dolomieu, en son nom et en celui de ses compagnons, écrivit au cardinal Ruffo pour se plaindre à lui de la violation du droit des gens et lui apprendre de quelle trahison ils étaient victimes.

Le cardinal répondit à Dolomieu que, sans entrer en discussion sur le droit qu'avait ou n'avait pas le roi de Naples de le retenir prisonnier ainsi que les deux généraux français et ses autres compagnons, il lui faisait seulement connaître qu'il lui était impossible de lui accorder un passage par voie de terre, ne sachant pas d'escorte assez puissante et assez courageuse pour les empêcher d'être massacrés en traversant la Calabre, tout entière insurgée contre les Français ; que, quant à les renvoyer en France par la voie de mer, il ne le pouvait sans la permission des Anglais; que tout ce qu'il pouvait faire était d'en référer au roi et à la reine.

Il ajoutait, en manière de conseil, qu'il invitait les généraux Manscourt et Alexandre Dumas à traiter avec les généraux en chef des armées de Naples et d'Italie de leur échange avec le colonel Boccheciampe, qui venait d'être fait prisonnier, déclarant que le roi de Naples faisait plus de cas del signor Boccheciampe tout seul que de tous les autres généraux napolitains prisonniers, soit en France, soit en Italie.

Des négociations, furent, en conséquence, ouvertes sur cette base; mais bientôt on apprit que Boccheciampe, blessé dans l'affaire où il avait été fait prisonnier, était mort des suites de ses blessures.

Cette nouvelle coupa court aux négociations.

Un mois après, le général Manscourt et le général Dumas furent transportés au château de Brindisi.

Quant à Dolomieu, il fut, lorsque Naples retomba au pouvoir du roi, transporté dans les prisons de Naples, où il fut traité avec la dernière rigueur.

Un jour qu'il réclamait de son geôlier quelque adoucissement à sa position, le geôlier refusa ce que lui demandait l'illustre savant.

— Prends garde! lui dit celui-ci : je sens qu'avec

de pareils traitements, je n'ai plus que quelques jours à vivre.

— Que m'importe? lui répondit le geôlier. Je ne dois compte que de vos os.

Les instances de Bonaparte l'arrachèrent de sa captivité après la bataille de Marengo ; mais il ne rentra en France que pour y mourir.

Le surlendemain de son entrée au château de Brindisi, comme le général Dumas reposait sur son lit, sa fenêtre ouverte, un paquet d'un certain volume passa à travers les barreaux de cette fenêtre et vint tomber au milieu de la chambre.

Le prisonnier se leva et ramassa le paquet : il était ficelé ; il coupa les cordelettes qui le ficelaient et reconnut que ce paquet se composait de deux volumes.

Ces deux volumes étaient intitulés *le Médecin de campagne,* par Tissot.

Un petit papier, plié entre la première et la seconde page, renfermait ces mots : *De la part des patriotes calabrais. Voir au mot* POISON.

Le général Dumas chercha le mot indiqué ; il était doublement souligné.

Il comprit que sa vie était menacée. Il cacha les deux volumes, de peur qu'ils ne lui fussent enlevés ; mais il lut et relut assez souvent l'article recommandé pour apprendre par cœur les remèdes applicables aux différents genres d'empoisonnement que l'on pouvait tenter sur lui.

Nous avons publié, dans nos *Mémoires,* un récit de la captivité du général Dumas écrit par lui-même. Échangé, après neuf tentatives d'empoisonnement, contre le général Mack, le même que nous avons vu figurer dans cette histoire, il revint mourir en France d'un cancer à l'estomac.

Quant au général Manscourt, empoisonné dans son tabac, il devint fou et mourut dans sa prison.

Quoique cet épisode ne se rattache que faiblement à notre histoire, nous l'avons cité comme digne de figurer au troisième plan de notre tableau.

En arrivant à Spinazzola, le cardinal Ruffo reçut avis que quatre cent cinquante Russes étaient débarqués à Manfredonia, sous les ordres du capitaine Baillie.

Ils avaient avec eux onze pièces de canon.

Le cardinal écrivit à l'instant même pour que cette petite troupe, qui, si faible qu'elle fût, représentait et engageait un grand empire, ne manquât de rien et fût reçue avec tous les égards dus aux solpats du czar Paul Ier.

Le 29 mai. au soir, le cardinal arriva à Melfi, où

il s'arrêta pour célébrer la fête de saint Ferdinand et faire reposer un jour son armée.

« La Providence voulut, dit son historien, — tout ce qui arrivait au cardinal Ruffo arrivait naturellement par ordre de la Providence. — la Providence voulut donc que, pour rendre la fête plus brillante, apparût tout à coup à Melfi le capitaine Achmeth, expédié de Corfou par Kadi-Bey, et porteur de lettres du commandant de la flotte ottomane, annonçant que le grand visir avait définitivement donné l'ordre de secourir le roi des Deux-Siciles, allié de la Sublime Porte, avec toutes les forces dont on pourrait disposer. Il venait, en conséquence, demander s'il n'y aurait pas moyen de débarquer dans les Pouilles quelques milliers d'hommes pour les faire marcher, unis aux Russes, contre les patriotes napolitains.

La Providence, à force de faire pour le cardinal, faisait trop. Quoique son éducation romaine l'eût fait exempt de préjugés, ce n'était pas sans une certaine hésitation qu'il faisait marcher côte à côte la croix de Jésus et le croissant de Mahomet, sans compter les Anglais hérétiques et les Russes schismatiques.

Cela ne s'était point vu depuis Manfred, et, on le sait, à Manfred la chose avait assez mal réussi.

Le cardinal répondit donc que ce secours serait

utile devant Naples, dans le cas où la cité rebelle s'obstinerait à persister dans sa rébellion; que le trajet par terre sur la plage de l'Adriatique était long et incommode; qu'au contraire, tout devenait facile si les Turcs voulaient bien adopter la voie de mer et se rendre de Corfou dans le golfe de Naples ; ce qui était l'affaire de quelques jours, surtout dans le mois de mai, le plus propice de tous à la navigation dans la Méditerranée. La flotte turque, en passant, pourrait s'arrêter à Palerme, et tout y combiner avec l'amiral Nelson et le roi Ferdinand.

Cette réponse fut remise à l'ambassadeur, que le cardinal invita à dîner. Mais là se présenta un autre obstacle, ou plutôt un autre embarras. Les officiers turcs de la suite du capitaine Achmeth ne buvaient ou plutôt ne devaient pas boire de vin. Le cardinal avait eu l'idée de lever la difficulté en leur donnant de l'eau-de-vie; mais les Turcs, sachant de quoi il s'agissait, levèrent cette difficulté plus simplement encore que ne le faisait le cardinal, en disant que, puisqu'ils venaient défendre des chrétiens, ils pouvaient boire du vin comme eux.

Grâce à cette infraction, nous ne dirons pas aux lois, mais aux conseils de Mahomet, — Mahomet ne défendant pas, mais conseillant seulement de ne pas boire du vin, — le dîner fut des plus gais, et l'on put boire à la fois à la santé du sultan Sélim et du roi Ferdinand.

Le 31 mai, au point du jour, l'armée sanfédiste partit de Melfi, passa l'Ofanto et arriva à Ascoli, où Son Éminence reçut le capitaine Baillie, Irlandais commandant les Russes. Quatre cent cinquante Russes étaient arrivés heureusement à Montecalvello, et s'y étaient immédiatement établis dans un camp retranché auquel ils avaient donné le nom de fort Saint-Paul.

On entra aussitôt au conseil et il fut convenu que le commandant Baillie retournerait à l'instant même à Montecalvello, et que le colonel Carbone, avec trois bataillons de ligne et un détachement de chasseurs calabrais, servirait d'avant-garde aux troupes russes. Un commissaire spécial nommé Apa, fut désigné pour veiller au soin des vivres, et reçut les plus pressantes recommandations pour que les bons alliés du roi Ferdinand ne manquassent de rien.

De son côté, le commandant Baillie promit de laisser, et laissa, en effet, au pont de Bovino, où le cardinal devait arriver le 2 juin, une escorte de trente grenadiers russes qui devaient lui servir de garde d'honneur.

Le cardinal descendit au palais du duc de Bovino, où il rencontra le baron don Luis de Riseis, qui venait au-devant de lui en qualité d'aide de camp de Pronio.

C'était pour la première fois que le cardinal avait des nouvelles précises des Abruzzes.

Ce fut alors seulement qu'il apprit les trois victoires remportées par les Français et par la légion napolitaine à San-Severo, à Andria et à Trani; mais, en même temps, il apprit leur retraite rapide, causée par le rappel de Macdonald dans la haute Italie. Les chefs royalistes opérant dans les Abruzzes, dans les provinces de Chieti et dans celle de Teramo, demandaient les ordres du vicaire général.

Les instructions qu'ils reçurent par l'intermédiaire de don Luis de Riseis furent de bloquer étroitement Pescara, où s'était enfermé le comte de Ruvo. Ce dont ils pourraient disposer de troupes en dehors du blocus marcherait sur Naples et combinerait ses mouvements avec ceux de l'armée sanfédiste.

Quant à la Terre de Labour, elle était entièrement au pouvoir de Mammone, auquel le roi écrivait : « Mon cher général et ami, » et de Fra-Diavolo, auquel la reine envoyait une bague à son chiffre et une boucle de ses cheveux !

LV

CORRESPONDANCE ROYALE

On a vu, par la proclamation du roi, l'état dans lequel la nouvelle du passage de la flotte française dans la Méditerranée avait mis la cour de Palerme.

Nous consacrerons ce chapitre à mettre sous les yeux de nos lecteurs des lettres de la reine. Elles compléteront le tableau des craintes royales, et, en même temps, donneront une idée exacte de la façon dont Caroline, de son côté, envisageait les choses.

« 17 mai.

» Je viens, par celle-ci, parler à Votre Éminence des bonnes et des mauvaises nouvelles que nous avons reçues. En commençant par les tristes, vous saurez que la flotte française, sortie de Brest le 25 avril, a passé le détroit de Gibraltar et est entrée dans la Méditerranée le 5 juin, échappant à la vigilance de la flotte anglaise, dont le commandant s'était fourré dans la tête que le Directoire avait décidé une expédition en Irlande, et qui, croyant que la flotte prenait ce chemin, ne s'en est point inquiété. Le fait est qu'elle a passé le détroit et que, tant de bâtiments de ligne que d'autres, elle est forte de trente-cinq voiles. Or, dans l'espérance ou dans la certitude que la flotte française ne tromperait pas deux flottes anglaises, et que, gardé par l'amiral Bridgeport et l'amiral Jarvis, le détroit de Gibraltar lui était fermé, lord Nelson a divisé et subdivisé son escadre de telle façon, qu'il se trouvait à Palerme avec un seul vaisseau et un bâtiment portugais, c'est-à-dire deux contre vingt-deux ou vingt-trois. Cela, vous le comprenez bien, nous a causé une vive alarme, et l'on a envoyé des messagers de tous côtés pour réunir à Palerme le plus de bâtiments possible. On va donc, en tout ou en partie, lever le blocus de Naples et de Malte, attendu que Nelson doit réunir le plus de forces possible pour nous sauver d'un bombardement ou d'un coup de main. Mais, onze jours s'étant déjà passés sans qu'on ait aperçu une voile française, je commence à espérer que l'escadre républicaine est allée à Toulon prendre des troupes de débarquement, et, par conséquent, laissera le temps à celle du comte de Saint-Vincent de se réunir à celle de lord Nelson, et que les deux escadres réunies pourront non-seulement résister aux Français, mais encore les battre.

» Quant à moi, voici ce que mon imagination me porte à croire : c'est que l'expédition française a pour but de faire lever le siége de Malte et, de là, courir en Égypte, y prendre Bonaparte et le ramener en Italie. Quoi qu'il en soit, la nouvelle nous a tout à fait troublés.

» Peut-être se pourrait-il encore qu'en faisant lever toujours le blocus de Naples, la flotte française se portât directement sur Constantinople, afin d'y faire une vaste diversion aux Russes et aux Turcs.

» Il y a encore cette possibilité que la flotte française ait pour mission de faire lever le blocus de Naples, d'y prendre les troupes françaises, et, leur adjoignant quelques milliers de nos fanatiques, ne vienne attaquer la Sicile.

» Mais, comme toutes ces opérations demandent du temps, nous aurons, nous, celui de rallier l'escadre de Nelson, qui fera sa jonction avec le comte Saint-Vincent, et qui alors pourra combattre les Français à forces égales. La seule crainte est maintenant que la flotte de Cadix, se trouvant sans blocus, et, par conséquent, libre de ses mouvements, ne vienne augmenter le nombre de nos ennemis. Et mon avis encore, à moi, c'est que les Français feront tout au monde pour arriver à ce résultat. Enfin, quelques jours encore, et nous saurons ce que nous aurons à craindre ou à espérer. En tout cas, si nous avons le bonheur de battre cette escadre, tout sera fini, les Français n'en ayant pas d'autres à nous opposer. Mais qui peut dire ce qui arrivera si elle nous tombe dessus avant la réunion de Nelson au comte Saint-Vincent?

» Maintenant, pour en venir aux bonnes nouvelles, je vous dirai que nous avons appris, d'une frégate anglaise partie le 5 de Livourne, que l'armée française avait été détruite presque entièrement à Lodi, dans une bataille des plus sanglantes, à la suite de laquelle les impériaux sont entrés sans résistance à Milan, aux acclamations du peuple, qui avait injurié et souffleté le gouverneur français. Nos alliés ont également pris Ferrare et Bologne, où les Russes ont passé au fil de l'épée tous ceux qui, lors de la retraite, avaient insulté l'innocent grand-duc et sa famille. Le 5 au matin, jour même du départ de la frégate, l'armée impériale devait faire sa rentrée à Florence, ramenant le grand-duc. Une colonne autrichienne, en outre, marchait sur Gênes et une autre sur le Piémont, dans les forteresses duquel les Français se sont retirés. Après toutes ces victoires, il reste encore à nos alliés 40,000 hommes de troupes fraîches, prêtes à combattre, sous le général Strasoldo, et qui, je l'espère, suffiront pour délivrer bientôt l'Italie.

» Je fais faire en ce moment le bulletin de tous ces événements, que j'enverrai, lorsqu'ils seront imprimés, à Votre Éminence, comme je lui envoie deux copies de la proclamation qu'a faite le roi aux Siciliens, et que l'on enverra en province, attendu qu'en ce moment nous ne voulons pas trop exciter les passions dans la capitale.

» Ai-je besoin de vous dire que j'attends avec la plus grande impatience des nouvelles de Votre Éminence ? Tout ce qu'elle fait, je le lui affirme, excite mon admiration par la profondeur de la pensée et la sagesse des maximes. Cependant, je dois lui dire que je ne suis pas tout à fait de son avis, c'est-à-dire de dissimuler et d'oublier, vis-à-vis des chefs de nos brigands, surtout lorsque Votre Éminence va jusqu'à parler de les acheter par des récompenses. Et je ne suis pas de cet avis, non pas par esprit de vengeance, cette passion est inconnue à mon cœur, et, si je vous parle comme si, au contraire, je voulais me venger, je parle inspirée par le suprême mépris et le peu de compte que je fais de nos scélérats, qui ne méritent ni d'être gagnés ni d'être achetés à notre cause, mais qui doivent être séparés du reste de la société qu'ils corrompent. Les exemples de clémence, de pardon et surtout de récompense, loin d'inspirer à une nation aussi corrompue que la nôtre (1) des sentiments de reconnaissance et de gratitude, n'inspireraient au contraire, que le remords de n'avoir pas fait cent fois davantage... Je le dis donc avec peine, et il n'y a pas à hésiter, tous ces hommes doivent être punis de mort, et particulièrement Caracciolo, Maliterno, Rocca-Romana (2), Frederici, etc.

» Quant aux autres, ils doivent tous être déportés, avec engagement pris par eux de ne jamais revenir, et leur consentement par écrit, s'ils reviennent jamais, d'être enfermés pour le reste de leurs jours dans une prison et de voir leurs biens confisqués. Ceux-là n'augmenteront pas les forces françaises, car ils n'auront ni le courage ni l'énergie de combattre avec les Français ; ils n'augmenteront pas nos maux, par la même raison de lâcheté, et nous nous délivrerons ainsi d'une race pernicieuse, sans mœurs, qui jamais, de bonne foi, ne reviendrait à nous, et la perte de quelques milliers de pareils gredins est un bien pour l'État qui s'en purge, et, cette purgation-là, opérez-la, non point sur des dénonciations, mais sur des faits, sur les services rendus, sur les allian-

(1) Textuel : ...*ad una nazione cosi vile e egoista.*
(2) Elle ignorait alors que Rocca-Romana eût racheté la trahison dont elle l'accusait par une autre trahison.

ces signées avec les ennemis du roi et de la patrie ; opérez-la, dis-je, indifféremment et sans distinction de rang et de sexe sur les nobles, sur le *mezzo ceto*, sur les femmes, et cela, sans aucun égard aux familles ni à rien. En Amérique tout cela! en Amérique... ou en France, si la dépense est trop grande.

» Et alors, quand les uns seront morts et les autres exilés, nous pourrons mettre en oubli les indignités commises. Mais d'abord, mais avant tout mais en commençant, je crois la suprême rigueur de toute nécessité ; car non-seulement c'est une félonie de s'être donné à un autre souverain, mais c'est le renversement de tous les principes de la religion et l'oubli de tous les devoirs. Je croirais donc la clémence fatale, en ce qu'ils la regarderaient, eux, comme une faiblesse, et le peuple, dont la fidélité n'a pas vacillé un seul instant, comme une injustice. Donc, pour la sûreté future et la tranquillité à venir de l'État, une bonne purgation, je vous le répète, de toute cette canaille, dont le départ, sans augmenter les forces de la France, assure au moins notre tranquillité. Et ceci est si bien ma conviction, que je préférerais ne pas même tenter de reprendre Naples, mais attendre des forces imposantes pour m'en emparer d'assaut, et alors lui imposer, — je ne me lasserai pas de le redire et de répéter le même mot, parce que lui seul répond à ma pensée, — et sur la base que j'ai dite, cette purgation qui seule peut assurer notre future tranquillité. Si, aujourd'hui, vous n'avez pas les forces nécessaires pour agir ainsi, je préférerais ne pas même tenter de rentrer dans ma capitale que d'y rentrer en y laissant toute cette infection. Les armées austro-russes s'approchent de Naples. J'eusse mieux aimé que nos Russes, à nous, fussent venus, et qu'avec eux nous eussions reconquis le royaume. Mais, en tout cas, mon avis est d'accepter le secours, de quelque part qu'il vienne. Mais, de quelque part que vienne ce secours, Naples reprise, il ne faut point pardonner à des gens qui sont l'unique cause de la perte du royaume (1)... Que Votre Éminence m'excuse d'insister si fort sur la punition des coupables, mais j'ai voulu à ce sujet, pour que vous ne prétendissiez cause d'ignorance, vous dire mes sentiments et mes intentions. Après tout, j'espère que Votre Éminence sait ce qu'elle a à faire et qu'elle le fera.

» Que Votre Éminence ne me croie ni le cœur mauvais, ni l'esprit tyrannique, ni l'âme vindicative. Je suis prête à accueillir les coupables et à leur par-

---

(1) Nous passons une quinzaine de lignes dans lesquelles la reine se répète en insistant sur la nécessité de punir.

donner ; seulement, je suis convaincue que ce serait la perte du royaume, quand une juste rigueur peut le sauver.

» Adieu. Je désire bien vivement recevoir des nouvelles de vous et que ces nouvelles soient bonnes.

» Je suis, avec une vraie et reconnaissante estime, votre éternelle et affectionnée amie,

» CAROLINE. »

Les nouvelles qu'attendait Caroline du cardinal avaient été bonnes, en effet. Le cardinal avait continué de marcher sur Naples, avait, comme nous l'avons dit, été rejoint par les Russes et par les Turcs, et, quelle que fût la défense préparée par les patriotes, il n'y avait point de doute que, dans un temps plus ou moins long, Naples ne fût reprise.

Cela avait donné une telle confiance à tout le monde, que le duc de Calabre s'était enfin décidé à se mettre de la partie. Ses augustes parents l'avaient confié à Nelson, et il devait faire sa première campagne sous le pavillon anglais contre le drapeau de la République.

On va voir, par une nouvelle lettre de la reine, quels événements, à son grand regret, empêchèrent le jeune prince d'acquérir toute la gloire et toute la popularité que l'on attendait de cette expédition.

La seconde lettre de la reine ne nous paraît pas moins curieuse et surtout moins caractéristique que la première.

« 14 juin 1799.

» Cette lettre, Votre Éminence, selon toute probabilité, la recevra à Naples, c'est-à-dire lorsque Votre Éminence aura reconquis le royaume.

» La fatalité, qui est toujours contre nous, a forcé hier la flotte anglaise, qui était partie pour Naples, de rentrer à Palerme. Sortie du port par le plus beau temps et le meilleur vent possible, elle prit congé de nous vers onze heures du matin, et, à quatre heures de l'après-midi, on l'avait perdue de vue. Il était probable, le vent continuant d'être propice, qu'elle serait aujourd'hui à Procida. Malheureusement, entre les îles et Capri, on rencontra deux bâtiments de renfort, qui annonçaient à l'amiral que la flotte française venait de sortir de Toulon et s'avançait vers les côtes méridionales de l'Italie. Un conseil de guerre fut tenu, et Nelson y déclara que son premier devoir était de veiller sur la Sicile, et, se débarrassant des troupes de débarquement et de l'artillerie, de courir au-devant de l'ennemi et de le combattre.

En conséquence de cette décision, Nelson est revenu ce soir en toute hâte à Palerme pour faire son débarquement et reprendre aussitôt la mer.

» Jugez quel désappointement pour nous! Quelque chose que je dise, je ne saurais vous le faire comprendre. L'escadre était belle, imposante, superbe; avec tous ses transports, elle eût fait le plus grand effet. Mon fils, embarqué pour sa première expédition, était plein d'enthousiasme. En somme, ce contre-temps m'a désespérée. Les lettres reçues de Procida, le 11 et le 12, me disent que la bombe est près d'éclater. Le manque de vivres et d'eau doit hâter leur reddition. Je laisse à Votre Éminence le soin de tout conduire. Mais aussi, je désire avec vous que l'on massacre et que l'on pille le moins possible, attendu que je suis convaincue que les Napolitains ne se défendront pas. Quant aux classes rebelles, elles n'ont aucun courage, et le peuple, qui seul en a montré, est pour la bonne cause. Je crois donc que vous reprendrez Naples sans grande et même sans aucune peine. Le seul fort Saint-Elme m'embarrasse avec ses Français. A la place de Votre Éminence, je poserais cette proposition à son commandant, avec intimation de répondre dans les vingt-quatre heures : Où il se rendra dans la journée même, et, muni d'un sauf-conduit ou d'une escorte, se retirera, emmenant avec lui cinquante ou même cent jacobins, mais laissant munitions, canons, murailles, tout en bon état ; — ou, s'il refuse, il n'aura à attendre aucun quartier, et lui et sa garnison seront passés au fil de l'épée. Ainsi, on paralyserait Saint-Elme. Et, si ce commandant s'obstinait, en avant à l'instant même et à l'assaut, Russes et Turcs, et quelques-uns des nôtres, les mieux choisis ! une once d'or à l'assaut et une autre au retour. Avec cette promesse, je suis sûr qu'avant une demi-heure, Saint-Elme est à nous. Mais, alors, tenons la parole à tous, aux assiégeants comme aux assiégés. Quant aux députés et aux élus, vous comprenez bien que c'est au roi seul à les nommer, les *sedili* étant abolis; c'est le moins que mérite leur félonie pour avoir détrôné le roi, chassé son vicaire et assumé la responsabilité sans sa permission. Mais ce qui me paraît instant surtout, c'est de créer l'ordre, d'empêcher les vols, de remettre Saint-Elme à un commandant honnête, brave et fidèle ; d'organiser une armée, de mettre le port en état de défense et de prendre immédiatement un compte exact des forces maritimes, de l'artillerie et de ce que les magasins contiennent ; en somme, de remettre un peu d'unité dans les rouages de la machine. Et si, dans le premier moment d'enthousiasme, on pouvait pousser le peuple à entrer dans les États romains, à délivrer Rome, à la rendre à son pasteur, et à nous donner à nous la montagne pour frontière, ce serait un coup de maître qui réparerait la blessure faite à notre honneur.

» Si tout autre que Votre Éminence était chargé d'un pareil labeur, je mourrais d'inquiétude; mais, au contraire, je suis parfaitement tranquille, connaissant toute l'étendue et la profondeur de son génie, qui n'a de comparable que son zèle et son activité.

» J'ai reçu la lettre de Votre Éminence, écrite de Bovino, en date du 4, — celle du 6, d'Ariano ; j'ai là, en outre, celle qu'elle a écrite à Acton, et j'ai admiré les sages et profonds raisonnements qui y sont contenus, et, quoique mon intime conviction, fondée sur une longue et pénible expérience, ne soit point d'accord avec Votre Éminence, elle m'a fait faire de profondes réflexions, dont le résultat a été une admiration croissante pour elle. Plus j'y pense, en effet, plus je suis convaincue que le gouvernement de Naples sera d'une difficulté infinie et aura besoin de toutes ses connaissances, de tout son génie, de toute sa fermeté. Bien que le passé semble, en apparence, présenter le peuple napolitain comme un peuple docile, les haines, les passions privées, les craintes des coupables qui se voient dévoilés, en feront un gouvernement horriblement difficile; mais le génie de Votre Éminence remédiera à tout.

» Laissez-moi vous dire encore que je désire ardemment, Naples prise, que vous entriez en arrangement avec Saint-Elme et le commandant français. Mais, vous entendez! aucun traité avec nos vassaux rebelles. Le roi, dans sa clémence, leur pardonnera ou allégera leur châtiment, en raison de sa bonté; mais traiter avec des coupables rebelles qui sont à l'agonie et qui ne peuvent pas faire plus de mal que la souris dans la trappe, non, non, jamais! Si le bien de l'État le veut, je consentirai à leur pardonner; mais pactiser avec de si lâches scélérats, jamais!

» C'est mon humble opinion que je soumets, comme toutes les autres, à vos lumières et à votre appréciation.

« Que Votre Éminence croie d'ailleurs, que je sens avec une vive gratitude tout ce que nous lui devons, et que, si parfois nos opinions diffèrent à l'endroit de l'indulgence, qu'elle croit bonne et que je crois mauvaise, je n'en professe pas moins une reconnaissance éternelle pour les services qu'elle nous a rendus; et, pour moi, la réorganisation de Naples sera certainement le plus grand et le plus difficile de tous ses services, et mettra le comble à l'œuvre gigantesque qui, déjà accomplie aux trois quarts, est sur le point de l'être tout à fait.

» Je termine en priant Votre Éminence, dans ces moments critiques et décisifs, de ne point nous laisser manquer de nouvelles, devant comprendre avec quelle anxiété nous les attendons.

» Et je la prie encore de me croire, avec une éternelle et profonde gratitude, sa reconnaissante et très-affectionnée amie,

» CAROLINE. »

A ces deux lettres-ci doit se joindre l'analyse de la lettre du roi, que nous avons mise à tort dans le prologue de notre livre, et dont la place serait ici.

Les lecteurs verront par cette analyse que les deux augustes époux, si rarement d'accord en toute chose, avaient du moins un point sur lequel ils s'entendaient admirablement : c'était de poursuivre leurs vengeances jusqu'au bout et de ne faire grâce sous aucun prétexte.

On verra, d'un autre côté, ce que nous sommes bien aise, au reste, de constater comme rectification historique, que les suprêmes rigueurs arrêtées par les deux époux servent de réponse à des lettres où le cardinal Ruffo conseille l'indulgence.

Et, pour cela, nous nous contenterons de remettre sous les yeux de nos lecteurs les recommandations que fait le roi au cardinal à l'endroit des différentes catégories de coupables, ainsi que l'énumération des différents supplices dont il désire qu'ils soient punis; nous laisserons le roi parler lui-même :

« *De mort:*

» Tous ceux qui ont fait partie du gouvernement provisoire;

» Tous ceux qui ont fait partie de la commission législative et exécutive de Naples;

» Tous les membres de la commission militaire et de police formée par les républicains;

» Tous ceux qui ont fait partie des municipalités patriotes, et, qui, en général, ont reçu une commission de la république parthénopéenne ou des Français, et plus particulièrement encore ceux qui ont fait partie de la commission chargée d'enquérir sur les prétendues déprédations faites par moi et par mon gouvernement;

» Tous les officiers qui étaient à mon service et qui sont passés au service de la soi-disant République ou des Français : bien entendu que ma volonté est que ceux desdits officiers qui seraient pris les armes à la main contre mes soldats ou ceux de mes alliés, soient fusillés dans les vingt-quatre heures, sans aucune forme de procès et militairemens, comme aussi tous les barons qui, les armes à la main, se seraient opposés ou s'opposeraient à mon retour;

» Tous ceux qui ont créé ou imprimé des gazettes républicaines, des proclamations et autres écrits, tendants à exciter mes peuples à la révolte et à répandre les maximes du nouveau gouvernement, et particulièrement un certain Vicenzo Cuoco.

» Je veux que soit également arrêtée et punie une certaine Luisa Molina San-Felice, qui a découvert et dénoncé la contre-révolution des royalistes, à la tête desquels étaient Backer, père et fils;

» Enfin, tous les élus de la cité et députés de la place qui chassèrent de son gouvernement mon vicaire général Pignatelli et le traversèrent dans toutes ses opérations par des observations ou des mesures contraires à la fidélité qu'ils me devaient.

» Après quoi, ceux qui seront reconnus moins coupables seront *économiquement* déportés hors de nos domaines leur vie durant, et leurs biens seront confisqués. Et, sur ce point particulièrement, je dois vous dire que j'ai trouvé très-sensé ce que vous me proposez à l'endroit de la déportation en général mais, tout bien pensé, je crois qu'il vaut mieux se défaire de ces vipères que de les garder dans sa maison. Ah! si j'avais quelque île fort éloignée de mes domaines du continent, je ne dis pas, et j'adopterais volontiers votre système de substituer la déportation à la mort. Mais le voisinage des îles où sont mes deux royaumes donnerait facilité aux exilés d'ourdir des trames avec les mécontents. Il est vrai que, d'un autre côté, les revers que subissent les Français en Italie, et que ceux que, grâce au ciel, ils vont souffrir encore, mettront les déportés hors d'état de nous nuire; mais alors, si nous consentons à l'exil, il faudra bien songer au lieu de la déportation et aux moyens de l'exécuter avec sécurité. Je suis en train d'y aviser.

» Je me réserve, aussitôt que j'aurai repris Naples, de faire à la liste que je vous adresse quelques adjonctions que les événements et les connaissances que nous acquerrons pourront me suggérer. Après quoi, mon intention est, en bon chrétien et en père amoureux de mes peuples, d'oublier entièrement le passé et d'accorder un pardon général qui puisse rassurer ceux des *égarés* qui ne l'ont point été par perversité d'âme, mais par crainte et pusillanimité. »

Nous ignorons si cette phrase, écrite à la suite d'une liste de proscription digne de Sylla, d'Octave ou de Tibère, est une sombre plaisanterie, ou, ce qui est possible encore au point de vue où certains rois envisagent la royauté, si elle a eté écrite sérieusement.

Mais ce qui avait été écrit sérieusement et au moment où elle s'en doutait le moins, c'était l'arrêt de la pauvre San-Felice.

LVI

LA MONNAIE RUSSE

Nous l'avons dit, Luisa tâchait d'être heureuse.

Hélas! la chose lui était bien difficile.

Son amour pour Salvato était toujours aussi grand, plus grand même : chez la femme, et surtout chez une femme du caractère de Luisa, l'abandon d'elle-même double l'amour au lieu de le diminuer.

Quant à Salvato, toute son âme était à Luisa. C'était plus que de l'amour qu'il avait pour elle, c'était de la religion.

Mais il s'était fait deux taches sombres dans la vie de la pauvre Luisa.

L'une, qui ne se présentait que de temps en temps à son esprit, qu'écartait la présence de Salvato, que lui faisaient oublier ses caresses : c'était cet homme moitié père, moitié époux, dont, à des intervalles égaux, elle recevait des lettres toujours affectueuses, mais dans lesquelles il lui semblait distinguer les traces d'une tristesse visible à elle seule, et qui était plutôt devinée par son cœur qu'analysée par son esprit.

A ces lettres, elle répondait par des lettres toutes filiales. Elle n'avait point un seul mot à changer aux sentiments qu'elle exprimait au chevalier : c'étaient toujours ceux d'une fille soumise, aimante et respectueuse.

Mais l'autre tache, tache sombre, tache de deuil, qui s'était faite dans la vie de la pauvre Luisa et que rien ne pouvait écarter de son regard, c'était cette implacable idée qu'elle était cause de l'arrestation des deux Backer, et, s'ils étaient exécutés, qu'elle serait cause de leur mort.

Au reste, peu à peu la vie des deux jeunes gens s'était rapprochée et était devenue plus commune. Tout le temps que Salvato ne donnait point à ses devoirs militaires, il le donnait à Luisa.

Selon le conseil de Michele, la San-Felice avait pardonné à Giovannina son étrange sortie, que rendait, d'ailleurs, moins coupable qu'elle ne l'eût été chez nous la familiarité des domestiques italiens avec leurs maîtres.

Au milieu des événements si graves qui s'accomplissaient, au milieu des événements plus graves encore qui se préparaient, les esprits, moins occupés de la chronique privée que de la chose publique, avaient vu, sans autrement s'en préoccuper, cette intimité s'établir entre Salvsto et Luisa. Cette intimité, au reste, si complète qu'elle fût, n'avait rien de scandaleux dans un pays qui, n'ayant pas d'équivalent pour le mot *maîtresse*, traduit le mot maîtresse par le mot *amie*.

En supposant donc que, par son indiscrétion, Giovannina eût eu l'intention de faire du tort à sa maîtresse, elle avait eu beau être indiscrète, elle ne lui avait point fait le tort qu'elle espérait.

La jeune fille était devenue sombre et taciturne, mais avait cessé d'être irrespectueuse.

Michele seul avait conservé dans la maison, où, de temps en temps, il venait secouer les grelots de son esprit, sa joyeuse insouciance. Se voyant arrivé à ce fameux grade de colonel qu'il n'eût jamais osé rêver dans ses ambitions les plus insensées, il pensait bien de temps en temps à certain bout de corde voltigeant dans l'espace et vu de lui seul; mais cette vision n'avait d'autre influence sur son moral que de lui faire dire, avec un surcroît de gaieté et en frappant ses mains bruyamment l'une contre l'autre : « Bon ! l'on ne meurt qu'une fois ! » Exclamation à laquelle le diable seul, qui tenait l'autre bout de cette corde, pouvait comprendre quelque chose.

Un matin qu'en allant de chez Assunta chez sa sœur de lait, c'est-à-dire de Marinella à Mergellina, trajet qu'il faisait à peu près tous les jours, il passait devant la porte du beccaïo, et qu'avec cette flânerie naturelle aux Méridionaux, il s'arrêtait sans aucun motif de s'arrêter, il lui parut qu'à son arrivée, la conversation changeait d'objet et que l'on se faisait certains signes qui voulaient dire visiblement : « Défions-nous : voilà Michele ! »

Michele était trop fin pour avoir l'air de voir ce qu'il avait vu ; mais, en même temps, il était trop curieux pour ne pas chercher à savoir ce qu'on lui cachait. Il causa un instant avec le beccaïo, qui faisait le républicain enragé et dont il ne put rien tirer ; mais, en sortant de chez lui, il entra chez un boucher nommé Cristoforo, ennemi naturel du beccaïo par la seule raison qu'il exerçait, à peu près, le même état que lui.

Cristoforo, qui, lui, était véritablement patriote, avait remarqué, depuis le matin, une assez grande agitation au Marché-Vieux. Cette agitation, à ce qu'il avait cru reconnaître, était causée par deux hommes qui avaient distribué, à quelques individus bien connus pour leur attachement à la cause des Bourbons, des monnaies étrangères d'or et d'argent. Dans un de ces deux hommes, Cristoforo avait reconnu un ancien cuisinier du cardinal Ruffo nommé Coscia et qui, comme tel, était en relation avec les marchands du Marché-Vieux.

— Bon! dit Michele, as-tu vu cette monnaie, compère?

— Oui; mais je ne l'ai pas reconnue.

— Pourrais-tu nous en procurer une, de ces monnaies?

— Rien de plus facile.

— Alors, je sais quelqu'un qui nous dira bien de quel pays elle vient.

Et Michele tira de sa poche une poignée de pièces de toute espèce pour que Cristoforo pût rendre en monnaie napolitaine l'équivalent des monnaies étrangères qu'il allait quérir.

Dix minutes après, il revint avec une pièce d'argent de la valeur d'une piastre, mais plus mince. Elle représentait, d'un côté, une femme à la tête altière, à la gorge presque nue, portant une petite couronne sur le front; — de l'autre, un aigle à deux têtes, tenant dans une de ses serres le globe, dans l'autre le sceptre.

Tout autour de la pièce, à l'endroit et au revers étaient gravées des légendes en lettres inconnues.

Michele épuisa inutilement sa science à essayer de lire ces légendes. Il fut obligé d'avouer, à sa honte, qu'il ne connaissait pas les lettres dont elles se composaient.

Cristoforo reçut de Michele mission de s'informer. S'il apprenait quelque chose, il viendrait lui dire ce qu'il aurait appris.

Le boucher, dont la curiosité n'était pas moins excitée que celle de Michele, se mit immédiatement en quête, tandis que Michele, par la rue de Tolède et le pont de Chiaïa, gagnait Mergellina.

En passant devant le palais d'Angri, Michele s'était informé de Salvato : Salvato était sorti depuis une heure.

Salvato, comme s'en était douté Michele, était à la maison du Palmier, où la duchesse Fusco, confidente de Luisa, avait mis à sa disposition la chambre où il avait été conduit après sa blessure et où il avait passé de si douces et de si cruelles heures.

De cette façon, il entrait chez la duchesse Fusco, qui recevait hautement et publiquement toutes les sommités patriotiques de l'époque, saluait ou ne saluait pas la duchesse, selon qu'elle était visible ou non, et passait dans sa chambre, devenue un cabinet de travail.

Luisa, de chez elle, l'y venait trouver par la porte de communication ouverte entre les deux hôtels.

Michele, qui n'avait pas les mêmes raisons de se cacher, vint tout simplement sonner à la porte du jardin, que Giovannina lui ouvrit.

Michele parlait peu à la jeune fille depuis les soupçons qu'il avait conçus sur elle à l'endroit de sa sœur de lait. Il se contenta donc de la saluer assez cavalièrement. Michele, qu'on ne l'oublie pas, était devenu colonel, et, comme chez Luisa, il était à peu près chez lui, il entra sans rien demander, ouvrit les portes, et, voyant les chambres vides, alla droit à celle qu'il était à peu près sûr de trouver occupée.

Le jeune lazarone avait une manière de frapper qui révélait sa présence ; les deux jeunes gens la reconnurent, et la douce voix de Luisa prononça le mot :

— Entrez !

Michele poussa la porte. Salvato et Luisa étaient assis l'un près de l'autre. Luisa avait la tête appuyée à l'épaule de Salvato, qui l'enveloppait de son bras.

Luisa avait les yeux pleins de larmes ; Salvato, le front resplendissant d'orgueil et de joie.

Michele sourit ; il lui semblait voir un jeune époux triomphant, à l'annonce d'une future paternité.

Quel que fût, au reste, le sentiment qui mettait la joie au front de l'un et les larmes aux yeux de l'autre, il devait, sans doute, rester un secret entre les les deux amants ; car, à la vue de Michele, Luisa posa un doigt sur ses lèvres.

Salvato se pencha en avant et tendit la main au jeune homme.

— Quelles nouvelles ? lui demanda-t-il.

— Aucune précise, mon général, mais beaucoup de bruit en l'air.

— Et qui fait ce bruit ?

— Une pluie d'argent qui vient on ne sait d'où.

— Une pluie d'argent ! Tu t'es mis sous la gouttière, au moins ?

— Non. J'ai tendu mon chapeau, et voici une des gouttes qui y est tombée.

Et il présenta la pièce d'argent à Salvato.

Le jeune homme la prit, et, au premier regard :

— Ah ! dit-il, un rouble de Catherine II.

Cela n'apprenait rien à Michele.

— Un rouble ? demanda-t-il ; qu'est-ce que cela ?

— Une piastre russe. Quant à Catherine II, c'est

la mère de Paul Ier, l'empereur actuellement régnant.

— Où cela ?

— En Russie.

— Allons, bon ! voilà les Russes qui s'en mêlent. On nous les promettait, en effet, depuis longtemps. Est-ce qu'ils sont arrivés ?

— Il paraît, répondit Salvato.

Puis, se levant :

— Cela est grave, ma bien chère Luisa, dit le jeune officier, et je suis forcé de vous quitter ; car il n'y a pas de temps à perdre pour savoir d'où viennent ces roubles répandus dans le peuple.

— Allez, dit la jeune femme avec cette douce résignation qui était devenue le caractère principal de sa physionomie depuis la malheureuse affaire des Backer.

En effet, elle sentait qu'elle ne s'appartenait plus à elle-même ; que, comme l'Iphigénie antique, elle était une victime aux mains du Destin, et, ne pouvant lutter contre lui, on eût dit qu'elle tentait de le fléchir par sa résignation.

Salvato boucla son sabre et revint à elle avec ce sourire plein de force et de sérénité qui ne s'effaçait de son visage que pour lui rendre la rigidité du marbre, et, l'enveloppant de son bras, sous l'étreinte duquel son corps plia comme une branche de saule :

— Au revoir, mon amour! dit-il.

— Au revoir! répéta la jeune femme. Quand cela?

— Oh! le plus tôt possible! Je ne vis que près de toi, surtout depuis la bienheureuse nouvelle!

Luisa se serra contre Salvato, en cachant sa tête dans sa poitrine; mais Michele put voir la rougeur de son visage s'étendre jusqu'à ses tempes.

Hélas! cette nouvelle que, dans son orgueil égoïste, Salvato appelait une bonne nouvelle, c'est que Luisa était mère!

LVII

LES DERNIÈRES HEURES

Voici ce qui s'était passé et de quelle façon la monnaie russe avait fait son apparition sur la place du Vieux-Marché à Naples.

Le 3 juin, le cardinal était arrivé à Ariano, ville

qui, située au plus haut sommet des Apennins, a reçu de sa position le nom de *balcon de la Pouille*. Elle n'avait alors d'autre route que la route consulaire qui va de Naples à Brindisi, la même qui fut suivie par Horace dans son fameux voyage avec Mécène. Du côté de Naples, la montée est si rapide, que les voitures de poste ne peuvent ou plutôt ne pouvaient y monter alors qu'à l'aide de bœufs ; de l'autre côté, on n'y arrivait qu'en suivant la longue et étroite vallée de Bovino, qui servait, en quelque sorte, de Thermopyles à la Calabre. Au fond de cette gorge, roule le Cervaro, torrent impétueux jusqu'à la folie, et, sur la rive du torrent, rampe la route qui va d'Ariano au pont de Bovino. Le versant de cette montagne est si encombré de rochers, qu'une centaine d'hommes suffiraient pour arrêter la marche d'une armée. C'est là que Schipani avait reçu l'ordre de s'arrêter, et, s'il eût suivi les ordres donnés, au lieu de se laisser aller à la folle passion de prendre Castellucio, c'est là que probablement se fût terminée la marche triomphale du cardinal.

A son grand étonnement, au contraire, le cardinal était arrivé à Ariano sans empêchement aucun.

Il y trouva le camp russe.

Or, comme, le lendemain même de son arrivée, il était occupé à visiter ce camp, on lui amena deux individus que l'on venait d'arrêter dans un calessino.

Ces deux individus se donnaient pour des marchands de grains allant dans la Pouille pour y faire leurs achats.

Le cardinal s'apprêtait à les interroger, lorsque, en les regardant avec attention, et voyant que l'un d'eux, au lieu d'être embarrassé ou effrayé, souriait, il reconnut dans le faux marchand de grains un ancien cuisinier à lui nommé Coscia.

Se voyant reconnu, Coscia prit, selon l'habitude napolitaine, la main du cardinal et la baisa; et, comme le cardinal comprit bien que ce n'était point le hasard qui amenait les deux voyageurs au-devant de lui, il les conduisit hors du camp russe, dans une maison isolée, où il put, en toute tranquillité, causer avec eux.

— Vous venez de Naples? demanda le cardinal.

— Nous en sommes partis hier matin, répondit Coscia.

— Vous pouvez me donner des nouvelles fraîches, alors?

— Oui, monseigneur, d'autant mieux que nous-mêmes en venions chercher auprès de Votre Éminence.

En effet, les deux messagers étaient envoyés par

le comité royaliste. Ce qui préoccupait le plus tout à la fois les bourgeois et les patriotes, c'était de savoir positivement si les Russes étaient ou n'étaient point arrivés, la coopération des Russes étant une grande garantie pour la réussite de l'expédition sanfédiste, puisqu'elle avait pour appui le plus puissant des empires, numériquement parlant.

Sous ce rapport, le cardinal put satisfaire pleinement les deux envoyés. Il les fit passer au milieu des rangs moscovites, leur assurant que ce n'était que l'avant-garde et que l'armée venait derrière.

Les deux voyageurs, quoique moins incrédules que saint Thomas, purent cependant faire comme lui : voir et toucher.

Ce qu'ils touchèrent particulièrement, ce fut un sac de pièces russes que le cardinal leur remit pour distribuer aux bons amis du Marché-Vieux.

On a vu que maître Coscia s'était acquitté de son message en conscience, puisqu'un des roubles était parvenu jusqu'à Salvato.

Salvato avait aussi compris la gravité du fait, et était sorti pour le vérifier.

Deux heures après, il n'avait plus aucun doute : les Russes avaient fait leur jonction avec le cardinal, et les Turcs étaient près de faire la leur.

La journée n'était point achevée encore, que le

bruit s'en était déjà répandu par toute la ville.

Salvato, en rentrant au palais d'Angri, avait trouvé des nouvelles plus désastreuses encore.

Ettore Caraffa, le héros d'Andria et de Trani, était bloqué par Pronio à Pescara, et ne pouvait venir au secours de Naples, qui le considérait cependant comme un de ses plus braves défenseurs.

Bassetti, nommé par Macdonald, avant son départ de Naples, général en chef des troupes régulières, battu par Fra-Diavolo et Mammone, venait de rentrer blessé à Naples.

Schipani, attaqué et battu sur les rives du Sarno, s'était arrêté seulement à Torre-del-Greco et s'était enfermé avec une centaine d'hommes dans le petit fort de Granatello.

Enfin, Manthonnet, le ministre de la guerre, Manthonnet lui-même, qui avait marché contre Ruffo et qui avait compté qu'Ettore Caraffa se joindrait à lui, Manthonnet, privé du secours de ce brave capitaine, n'avait pu, au milieu des populations, qui, excitées par l'exemple de Castellucio, se soulevaient menaçantes, n'avait pu arriver jusqu'à Ruffo, et, sans avoir dépassé Baïa, avait été contraint de battre en retraite.

Salvato, à la lecture de ces nouvelles fatales, demeura un instant pensif; puis il parut avoir pris une résolution, descendit rapidement dans la rue, sauta dans un calessino et se fit conduire à la maison du Palmier.

Cette fois, il ne prit point la précaution d'entrer par la maison de la duchesse Fusco : il alla droit à cette petite porte du jardin qui s'était si heureusement ouverte pour lui pendant la nuit du 22 au 23 septembre, et y sonna.

Giovannina vint ouvrir, et, en voyant le jeune homme, ne put s'empêcher de pousser un cri de surprise : ce n'était jamais par là qu'il entrait.

Salvato ne se préoccupa point de son étonnement et ne s'inquiéta point de son cri.

— Ta maîtresse est là ? lui demanda-t-il.

Et, comme elle ne répondait point, fascinée qu'elle semblait par son regard, il l'écarta doucement de la main et s'avança vers le perron, sans même s'apercevoir que Giovannina la lui avait saisie et l'avait serrée avec une passion que, d'ailleurs, il attribua peut-être à la crainte qu'une situation si précaire faisait naître dans les plus fermes esprits, à plus forte raison dans celui de Giovannina.

Luisa était dans la même chambre où Salvato l'avait laissée. Au bruit inattendu de son pas, à la surprise qu'elle éprouva en l'entendant venir du côté opposé à celui par lequel elle l'attendait, elle se leva vivement, alla vers la porte et l'ouvrit. Salvato se trouva en face d'elle.

Le jeune homme lui prit les deux mains, et, la regardant quelques secondes avec un sourire d'une ineffable douceur et en même temps d'une inexprimable tristesse :

— Tout est perdu ! lui dit-il. Dans huit jours, le cardinal Ruffo et ses hommes seront sous les murs de Naples, et il sera trop tard pour prendre un parti. Il faut donc prendre ce parti à l'instant même.

Luisa, de son côté, le regardait avec étonnement, mais sans crainte.

— Parle, dit-elle, je t'écoute.

— Il y a trois choses à faire dans les circonstances où nous nous trouvons, continua Salvato.

— Lesquelles ?

— La première, c'est de monter à cheval avec cent de mes braves Calabrais, de renverser tous les obstacles que nous rencontrerons sur notre route, d'atteindre Capoue. Capoue a conservé une garnison française. Je te confie à la loyauté de son commandant, quel qu'il soit, et, si Capoue capitule, il te fait comprendre dans la capitulation, et tu es sauvée, car tu te trouves sous la sauvegarde des traités.

— Et toi, demanda Luisa, restes-tu à Capoue ?

— Non, Luisa, je reviens ici, car ma place est ici;

mais, aussitôt libre de mes devoirs, je te rejoins.

— La seconde ? dit-elle.

— C'est de prendre la barque du vieux Basso-Tomeo, qui ira avec ses trois fils t'attendre au tombeau de Scipion, et, profitant de ce qu'il n'y a plus de blocus, de suivre la côte de Terracine jusqu'à Ostie; et, une fois à Ostie, de suivre, en le remontant, le Tibre jusqu'à Rome.

— Viens-tu avec moi ? demanda Luisa.

— Impossible.

— La troisième, alors ?

— C'est de rester ici, d'y faire la meilleure défense possible et d'y attendre les événements.

— Quels événements ?

— Les conséquences d'une ville prise d'assaut et les vengeances d'un roi lâche et, par conséquent, impitoyable.

— Serons-nous sauvés ou mourrons-nous ensemble ?

— C'est probable.

— Alors, restons.

— C'est ton dernier mot, Luisa ?

— Le dernier, mon ami.

— Réfléchis jusqu'à ce soir : je serai ici ce soir.

— Reviens ce soir; mais, ce soir, je te dirai, comme à cette heure : si tu restes, restons.

Salvato regarda à sa montre.

— Il est trois heures, dit-il : je n'ai pas un instant à perdre.

— Tu me quittes?

— Je monte au fort Saint-Elme.

— Mais le fort Saint-Elme, lui aussi, est commandé par un Français : pourquoi ne me confies-tu point à lui ?

— Parce que je ne l'ai vu qu'un instant, et que cet homme m'a fait l'effet d'un misérable.

— Les misérables font parfois, pour de l'argent, ce que les grands cœurs font par dévouement.

Salvato sourit.

— C'est justement ce que je vais tenter.

— Fais, mon ami : tout ce que tu feras sera bien fait, pourvu que tu restes près de moi.

Salvato donna un dernier baiser à Luisa, et, par un sentier côtoyant la montagne, on put le voir disparaître derrière le couvent de Saint-Martin.

Le colonel Mejean, qui, du haut de la forteresse, planait sur la ville et sur ses alentours comme un oiseau de proie, vit et reconnut Salvato. Il connaissait de réputation cette nature franche et honnête, antipode de la sienne. Peut-être le haïssait-il, mais il ne pouvait s'empêcher de l'estimer.

Il eut le temps de rentrer dans son cabinet, et,

comme les hommes de cette espèce n'aiment point le grand jour, il abaissa les rideaux, se plaça le dos tourné à la lumière, de manière que son œil clignotant et douteux ne pût être épié dans la pénombre.

Quelques secondes après que ces mesures étaient prises, on annonça le général de brigade Salvato Palmieri.

— Faites entrer, dit le colonel Mejean.

Salvato fut introduit, et la porte se referma sur eux.

LVIII

OÙ UN HONNÊTE HOMME PROPOSE UNE MAUVAISE ACTION QUE D'HONNÊTES GENS ONT LA BÊTISE DE REFUSER

L'entretien dura près d'une heure.

Salvato en sortit l'œil sombre et la tête inclinée.

Il descendit la rampe qui conduit de San-Martino à l'Infrascata, prit un calessino qu'il trouva à la descente dei Studi et se fit conduire à la porte du palais royal, où siégeait le directoire.

Son uniforme lui ouvrait toutes les portes : il pénétra jusqu'à la salle des séances.

Il trouva les directeurs assemblés et Manthonnet leur faisant un rapport sur la situation.

La situation était celle que nous avons dite :

Le cardinal à Ariano, c'est-à-dire, en quatre marches, pouvant être à Naples ;

Sciarpa à Nocera, c'est-à-dire à deux marches de Naples ;

Fra-Diavolo à Sessa et à Teano, c'est-à-dire à deux marches de Naples ;

La République, enfin, menacée par les Napolitains, les Siciliens, les Anglais, les Romains, les Toscans, les Russes, les Portugais, les Dalmates, les Turcs, les Albanais.

Le rapporteur était sombre ; ceux qui l'écoutaient étaient plus sombres que lui.

Lorsque Salvato entra, tous les yeux se tournèrent de son côté. Il fit signe à Manthonnet de continuer et demeura debout, gardant le silence.

Quand Manthonnet eut fini :

— Avez-vous quelque chose de nouveau à nous annoncer, mon cher général ? demanda le président à Salvato.

— Non; mais j'ai une proposition à vous faire.

On connaissait le courage fougueux et l'inflexible patriotisme du jeune homme : on écouta.

— D'après ce que vient de vous dire le brave général Manthonnet, vous reste-t-il encore quelque espoir ?

— Bien peu.

— Ce peu, sur quoi repose-t-il ? Dites-le-nous.

On se tut.

— C'est-à-dire, reprit Salvato, qu'il ne vous en reste aucun, et que vous essayez de vous faire illusion à vous-mêmes.

— Et à vous, vous en reste-t-il ?

— Oui, si l'on fait de point en point ce que je vais vous dire.

— Dites.

— Vous êtes tous braves, tous courageux ? vous êtes tous prêts à mourir pour la patrie ?

— Tous ! s'écrièrent les membres du directoire en se levant d'un seul élan.

— Je n'en doute pas, continua Salvato avec son calme ordinaire ; mais mourir pour la patrie n'est pas sauver la patrie, et il faut, avant tout, sauver la patrie ; car sauver la patrie, c'est sauver la République, et sauver la République, c'est fixer sur cette malheureuse terre l'intelligence, le progrès, la légalité, la lumière, la liberté, qui, avec le retour de Ferdinand, disparaîtraient pour un demi-siècle, pour un siècle peut-être.

Les auditeurs ne répondirent que par le silence, tant le raisonnement était juste et impossible à combattre.

Salvato continua :

— Lorsque Macdonald a été rappelé dans la haute Italie et que les Français ont quitté Naples, je vous ai vus, joyeux, vous féliciter d'être enfin libres. Votre amour-propre national, votre patriotisme de terroir vous aveuglaient ; vous veniez de refaire votre premier pas vers l'esclavage.

Une vive rougeur passa sur le front des membres du directoire ; Manthonnet murmura :

— Toujours l'étranger !

Salvato haussa les épaules.

— Je suis plus Napolitain que vous, Manthonnet, dit-il, puisque votre famille, originaire de Savoie, habite Naples depuis cinquante ans seulement ; moi, je suis de la Terre de Molise, mes aïeux y sont nés, mes aïeux y sont morts. Dieu me donne ce suprême bonheur d'y mourir comme eux !

— Écoutez, dit une voix, c'est la sagesse qui parle par la voix de ce jeune homme.

— Je ne sais pas ce que vous appelez l'étranger ;

mais je sais ceux que j'appelle *mes frères*. Mes frères, ce sont les hommes, de quelque pays qu'ils soient, qui veulent comme moi la dignité de l'individu par l'indépendance de la nation. Que ces hommes soient Français, Russes, Turcs, Tartares, du moment qu'ils entrent dans ma nuit un flambeau à la main et les mots de progrès et de liberté à la bouche, ces hommes, ce sont *mes frères*. Les étrangers, pour moi, ce sont les Napolitains, mes compatriotes, qui, réclamant le pouvoir de Ferdinand, marchant sous la bannière de Ruffo, veulent nous imposer de nouveau le despotisme d'un roi imbécile et d'une reine débauchée.

— Parle, Salvato ! parle ! dit la même voix.

— Eh bien, je vous dis ceci : vous savez mourir, mais vous ne savez pas vaincre.

Il se fit un mouvement dans l'assemblée : Manthonnet se retourna brusquement vers Salvato.

— Vous savez mourir, répéta Savalto ; mais vous ne savez pas vaincre, et la preuve, c'est que Bassetti a été battu, c'est que Schipani a été battu ; c'est que vous-même, Manthonnet, avez été battu.

Manthonnet courba la tête.

— Les Français, au contraire, savent mourir. Ils étaient trente-deux à Cotrone ; sur trente-deux, quinze sont morts et onze ont été blessés. Ils étaient neuf mille à Civita-Castellane, ils avaient devant eux

13.

quarante mille ennemis, qui ont été vaincus. Donc, je le répète, les Français non-seulement savent mourir, mais encore savent vaincre.

Nulle voix ne répondit.

— Sans les Français, nous mourrons, nous mourrons glorieusement, nous mourrons avec éclat, nous mourrons comme Brutus et Cassius sont morts à Philippes ; mais nous mourrons en désespérant, nous mourrons en doutant de la Providence, nous mourrons en disant : « Vertu, tu n'es qu'un mot ! » et, ce qu'il y a de plus terrible à penser, c'est que la République mourra avec nous. Avec les Français, nous vaincrons, et la République sera sauvée !

— C'est donc à dire, s'écria Manthonnet, que les Français sont plus braves que nous ?

— Non, mon cher général, nul n'est plus brave que vous, nul n'est plus brave que moi, nul n'est plus brave que Cirillo, qui m'écoute et qui déjà deux fois m'a approuvé ; et, lorsque l'heure de mourir sera venue, nous donnerons la preuve, je l'espère, que nul ne mourra mieux que nous. Kosciusko aussi était brave ; mais, en tombant, il a dit ce mot terrible que trois démembrements ont justifié : *Finis Poloniæ !* Nous dirons en tombant, et vous tout le premier, je n'en doute pas, des mots historiques ; mais, je le répète, si ce n'est pour nous, du moins pour nos enfants, qui auront notre besogne à refaire, mieux vaut ne pas tomber.

— Mais, dit Cirillo, ces Français, où sont-ils?

— Je descends de Saint-Elme, répondit Salvato; je quitte le colonel Mejean.

— Connaissez-vous cet homme? demanda Manthonnet.

— Oui c'est un misérable, répondit Salvato avec son calme habituel, et voilà pourquoi l'on peut traiter avec lui. Il me vend mille Français.

— Il n'en a que cinq cent cinquante! s'écria Manthonnet.

— Pour Dieu, mon cher Manthonnet, laissez-moi finir; le temps est précieux, et, si je pouvais acheter du temps comme je puis acheter des hommes, j'en achèterais aussi. Il me vend mille Français.

— Nous pouvons, tout battus que nous sommes, rassembler encore dix ou quinze mille hommes, dit Manthonnet, et vous comptez faire avec mille Français ce que vous ne pouvez pas faire avec quinze mille Napolitains?

— Je ne compte point faire avec mille Français ce que je ne puis pas faire avec quinze mille Napolitains; mais, avec quinze mille Napolitains et mille Français, je puis faire ce que je ne ferais pas avec trente mille Napolitains seuls!

— Vous nous calomniez, Salvato.

— Dieu m'en garde ! Mais l'exemple est là. Croyez-vous que, si Mack eût eu mille hommes de vieilles troupes, mille vieux soldats disciplinés, habitués à la victoire, mille soldats du prince Eugène ou de Souvarov, notre défaite eût été si rapide, notre déroute si honteuse ? Car j'étais d'esprit, sinon de cœur, avec les Napolitains qui fuyaient et contre lesquels j'avais combattu; mille Français, voyez-vous, mon cher Manthonnet, c'est un bataillon carré, et un bataillon carré, c'est une forteresse que rien n'entame, ni artillerie ni cavalerie; mille Français, c'est une barrière que l'ennemi ne franchit pas, une muraille derrière laquelle le soldat brave, mais peu habitué au feu, mal discipliné, se rallie, se reforme. Donnez-moi le commandement de douze mille Napolitains et de mille Français, et je vous amène ici dans huit jours le cardinal Ruffo pieds et poings liés.

— Et il faut absolument que ce soit vous qui commandiez ces douze mille Napolitains et ces mille Français, Salvato ?

— Prenez garde, Manthonnet! voici un mauvais sentiment, quelque chose de pareil à l'envie qui vous mord le cœur.

Et, sous le regard placide du jeune homme, Manthonnet, courbé, quitta sa place et vint lui donner la main.

— Pardonnez, mon cher Salvato, dit-il, à un homme encore tout meurtri de sa dernière défaite. Si la chose vous est accordée, voulez-vous de moi pour votre lieutenant?

— Continuez donc, Salvato, dit Cirillo.

— Oui, il faut absolument que ce soit moi qui commande, reprit Salvato, et je vais vous dire pourquoi : c'est qu'il faut que les Français sur lesquels je compte m'appuyer, les mille Français qui seront mon pilier d'airain, ces mille Français me voient combattre, parce que ces mille Français savent que non-seulement j'étais l'aide de camp, mais encore l'ami du général Championnet. Si j'eusse été ambitieux, j'eusse suivi Macdonald dans la haute Italie, c'est-à-dire sur le terrain des grandes batailles, là où l'on devient en trois ou quatre ans Desaix, Kléber, Bonaparte, Murat, et je n'eusse point demandé mon congé pour commander une bande de Calabrais sauvages et mourir obscurément dans quelque escarmouche contre des paysans commandés par un cardinal.

— Et ces Français, demanda le président, quel prix vous les vend le commandant de Saint-Elme?

— Pas ce qu'ils valent, certainement, — il est

vrai que ce n'est point à eux, mais à lui que je les paye, — cinq cent mille francs.

— Et ces cinq cent mille francs, où les prenez-vous ? demanda le président.

— Attendez, répondit Salvato toujours calme; car ce n'est point cinq cent mille francs qu'il me faut, c'est un million.

— Raison de plus. Je le répète, où prendrez-vous un million, quand nous n'avons peut-être pas dix mille ducats en caisse ?

— Donnez-moi pouvoir sur la vie et sur les biens de dix riches citoyens que je vous désignerai par leur nom, et, demain, le million sera ici, apporté par eux-mêmes.

— Citoyen Salvato, s'écria le président, vous nous proposez là ce que nous reprochons à nos ennemis de faire.

— Salvato ! murmura Cirillo.

— Attendez, dit le jeune homme. J'ai demandé à être écouté jusqu'au bout, et, à chaque instant, vous m'interrompez.

— C'est vrai, nous avons tort, dit Cirillo en s'inclinant. Parlez.

— J'ai, à la connaissance de tous, reprit Salvato, pour deux millions de biens, de masseries, de terres, de maisons, de propriétés enfin, dans la province de

Molise. Ces deux millions de propriétés, je les donne à la nation. Naples sauvée, Ruffo en fuite ou pris, a nation fera vendre mes terres et remboursera les dix citoyens qui m'auront prêté ou plutôt qui lui auront prêté cent mille francs.

Un murmure d'admiration se fit entendre parmi les directeurs. Manthonnet jeta ses bras au cou du jeune homme.

— Je demandais à servir sous toi comme lieutenant, dit-il; veux-tu de moi comme simple volontaire?

— Mais, demanda le président, tandis que tu conduiras tes quinze mille Napolitains et tes mille Français contre Ruffo, qui veillera à la sûreté et à la tranquillité de la ville?

— Ah! dit Salvato, vous venez de toucher le seul écueil : c'est un sacrifice à faire, c'est un parti terrible à prendre. Les patriotes se réfugieront dans les forts et les garderont en se gardant eux-mêmes.

— Mais la ville! la ville! répétèrent les directeurs en même temps que le président.

— C'est huit jours, dix jours d'anarchie peut-être à risquer!

— Dix jours d'incendie, de pillage, de meurtres! répéta le président.

— Nous reviendrons victorieux et nous châtierons les rebelles.

— Leur châtiment rebâtira-t-il les maisons brûlées? reconstruira-t-il les fortunes détruites? rendra-t-il la vie aux morts?

— Dans vingt ans, qui s'apercevra que vingt maisons ont été brûlées, que vingt fortunes ont été détruites, que vingt existences ont été tranchées? L'important est que la République triomphe; car, si elle succombe, sa chute sera suivie de mille injustices, de mille malheurs, de mille morts.

Les directeurs se regardèrent.

— Passe donc dans la chambre voisine, dit le président à Salvato, nous allons délibérer.

— Je vote pour toi, Salvato ! cria Cirillo au jeune homme.

— Je reste pour influer, s'il est possible, sur la délibération, dit Manthonnet.

— Citoyens directeurs, dit Salvato en sortant, rappelez-vous ce mot de Saint-Just : « En matière de révolution, celui qui ne creuse pas profond, creuse sa propre fosse. »

Salvato sortit et attendit, comme il en avait reçu l'ordre, dans la chambre voisine.

Au bout de dix minutes, la porte de la chambre

s'ouvrit; Manthonnet vint au jeune homme lui prit le bras, et, l'entraînant vers la rue :

— Viens, lui dit-il.

— Où cela? demanda Salvato.

— Où l'on meurt.

La proposition du jeune homme était repoussée à l'unanimité, moins une voix.

Cette voix, c'était celle de Cirillo.

LVIX

LA MARSEILLAISE NAPOLITAINE

Ce même jour, il y avait grande soirée à Saint-Charles.

On chantait *les Horaces et les Curiaces*, un des cent chefs-d'œuvre de Cimarosa. On n'eût jamais dit, en voyant cette salle éclairée *à giorno*, ces femmes élégantes et parées comme pour une fête, ces jeunes gens qui venaient de déposer le fusil en entrant dans la salle et qui allaient le reprendre en sortant, on n'eût jamais dit qu'Annibal fût si près des portes de Rome.

Entre le deuxième et le troisième acte, la toile se leva, et la principale actrice du théâtre, sous le costume du génie de la patrie, tenant un drapeau noir à la main, vint annoncer les nouvelles que nous connaissons déjà, et qui ne laissaient aux patriotes d'autre alternative que d'écraser, par un suprême effort, le cardinal au pied des murailles de Naples ou de mourir eux-mêmes en les défendant.

Ces nouvelles, si terribles qu'elles fussent, n'avaient point découragé les spectateurs qui les écoutaient. Chacune d'elles avait été accueillie par les cris de « Vive la liberté ! mort aux tyrans ! »

Enfin, lorsqu'on apprit la dernière, c'est-à-dire la défaite et le retour de Manthonnet, ce ne fut plus seulement du patriotisme, ce fut de la rage ; on cria de tous côtés :

— L'hymne à la liberté ! l'hymne à la liberté !

L'artiste qui venait de lire le sinistre bulletin salua, indiquant qu'elle était prête à dire l'hymne national, lorsque tout à coup on aperçut dans une loge Éléonore Pimentel entre Monti, l'auteur des paroles, et Cimarosa, l'auteur de la musique.

Un seul cri retentit alors par toute la salle :

— La Pimentel ! la Pimentel !

Le *Moniteur parthénopéen*, rédigé par cette noble femme, lui donnait une popularité immense.

La **Pimentel** salua ; mais ce n'était pas cela qu'on voulait; on voulait que ce fût elle-même qui chantât l'hymne.

Elle s'en défendit un instant ; mais, devant l'unanimité de la démonstration, il lui fallut céder.

Elle sortit de sa loge et reparut sur le théâtre au milieu des cris, des hourras, des vivats, des applaudissements, des bravos de la salle tout entière.

On lui présenta le drapeau noir.

Mais, elle, secouant la tête :

— Celui-ci est le drapeau des morts, dit-elle, et, Dieu merci ! tant que nous respirerons, la République et la liberté ne sont pas mortes. Donnez-moi le drapeau des vivants.

On lui apporta le drapeau tricolore napolitain.

D'un geste passionné, elle le pressa contre son cœur.

— Sois notre bannière triomphante, drapeau de la liberté ! dit-elle, ou sois notre linceul à tous !

Puis, au milieu d'un tumulte à faire croire que la salle allait crouler, le chef d'orchestre ayant fait un signe de son bâton et les premières notes ayant retenti, un silence étrange, en ce qu'il semblait plein de frémissements, succéda à ce tumulte, et, de sa voix pleine et sonore, de sa splendide voix de contralto, pareille à la muse de la patrie, Éléonore Pimentel aborda la première strophe, qui commence par ces vers :

> Peuples qui rampiez à genoux,
> Courbés sur les marches du trône,
> Le tyran tombe, levez-vous
> Et brisez du pied sa couronne (1) !

Il faut connaître le peuple napolitain, il faut avoir vu ses admirations montant jusqu'à la frénésie, ses enthousiasmes, qui, ne trouvant plus de mots pour s'exprimer, appellent à leur secours des gestes furibonds et des cris inarticulés, pour se faire une idée de l'état d'ébullition où se trouva la salle, lorsque le dernier vers de *la Marseillaise parthénopéenne* fut sorti de la bouche de la chanteuse, et lorsque la dernière note de l'accompagnement se fut éteinte dans l'orchestre.

Les couronnes et les bouquets tombèrent sur le théâtre comme une grêle d'orage.

Éléonore ramassa deux couronnes de laurier, posa l'une sur la tête de Monti, l'autre sur celle de Cimarosa.

Alors, sans qu'on pût voir qui l'avait jetée,

---

(1)   *Il tiranno è caduto, surgete,*
      Gente oppresa ! etc.

tomba, au milieu de cette jonchée, une branche de palmier.

Quatre mille mains applaudirent, deux mille voix crièrent :

— A Éléonore la palme ! à Éléonore la palme !

— Du martyre ! répondit la prophétesse en la ramassant et en l'appuyant sur sa poitrine avec ses deux mains croisées.

Alors, ce fut un délire. On se précipita sur le théâtre. Les hommes s'agenouillèrent devant elle, et, comme sa voiture était à la porte, on la dételá et on la ramena chez elle, traînée par des patriotes enthousiastes et accompagnée de l'orchestre qui, jusqu'à une heure du matin, joua sous sa fenêtre.

Toute la nuit, le chant de Monti retentit dans les rues de Naples.

Mais ce grand enthousiasme, enfermé dans la salle Saint-Charles, et qui avait failli faire éclater la salle, se refroidit le lendemain en se répandant par la ville. Cette ardeur de la veille était due à des conditions d'atmosphère, de chaleur, de lumière, de bruits, d'effluves magnétiques, et devait s'éteindre lorsque la réunion de ces circonstances fiévreuses n'existerait plus.

La ville, voyant rentrer en désordre ses derniers défenseurs blessés, fugitifs, couverts de poussière, les uns par la porte de Capoue, les autres par la porte del Carmine, tomba dans une tristesse qui devint bientôt de la consternation.

En même temps, une ligne se formait autour de Naples, qui, se resserrant toujours, tendait à l'étouffer dans un cercle de fer, dans une ceinture de feu.

En effet, de quelque côté que Naples se tournât, les républicains ne voyaient qu'ennemis acharnés, qu'adversaires implacables :

Au nord, Fra-Diavolo et Mammone;

A l'est, Pronio;

Au sud-est, Ruffo, de Cesare et Sciarpa;

Au sud et à l'ouest, les restes de la flotte britannique, que l'on s'attendait à voir reparaître plus puissante que jamais, renforcée de quatre vaisseaux russes, de cinq vaisseaux portugais, de trois vaisseaux turcs; enfin, toutes les tyrannies de l'Europe, qui semblaient s'être levées et se donner la main pour étouffer le cri de liberté poussé par la malheureuse ville.

Mais, hâtons-nous de le dire, les patriotes napolitains furent à la hauteur de la situation. Le 5 juin, le directoire, avec toutes les cérémonies employées dans les temps antiques, déploya le drapeau rouge et déclara la patrie en danger. Il invita tous les citoyens à s'armer pour la défense commune, ne forçant personne, mais ordonnant qu'au signal de trois coups de canon, tirés des forts à intervalles égaux, tout citoyen qui ne serait point porté sur les rôles de la garde nationale ou sur les registres d'une société patriotique, serait obligé de rentrer chez lui et d'en fermer les portes et les fenêtres jusqu'à ce qu'un autre coup de canon isolé lui eût donné la liberté de les rouvrir. Tous ceux qui, les trois coups de canon tirés, seraient trouvés dans la rue, le fusil à la main, sans être ni de la garde nationale, ni d'aucune société patriotique, devaient être arrêtés et fusillés comme ennemis de la patrie.

Les quatre châteaux de Naples, celui del Carmine, le castello Nuovo, le castello del Ovo et le château Saint-Elme furent approvisionnés pour trois mois.

Un des premiers qui se présenta pour recevoir des armes et des cartouches et pour marcher à l'ennemi fut un avocat de grande réputation, déjà vieux et presque aveugle, qui, autrefois savant dans les antiquités napolitaines, avait servi de cicerone à l'empereur Joseph II lors de son voyage en Italie.

Il était accompagné de ses deux neveux, jeunes gens de dix-neuf à vingt ans.

On voulut, tout en donnant des fusils et des cartouches aux deux jeunes gens, en refuser **au vieillard,** sous prétexte qu'il était presque aveugle.

— J'irai si près de l'ennemi, répondit-il, que je serai bien malheureux si je ne le vois pas.

Comme aux préoccupations politiques se joignait une grande préoccupation sociale : c'est que le peuple manquait de pain, il fut résolu au directoire que l'on porterait des secours à domicile ; ce qui était à la fois une mesure d'humanité et de bonne politique.

Dominique Cirillo imagina alors de fonder une caisse de secours, et, le premier, donna tout ce qu'il avait d'argent comptant, plus de deux mille ducats.

Les plus nobles cœurs de Naples, Pagana, Conforti, Baffi, vingt autres, suivirent l'exemple de Cirillo.

On choisit dans chaque rue le citoyen le plus populaire, la femme la plus vénérée ; ils reçurent les noms de père et de mère des pauvres et mission de quêter pour eux.

Ils visitaient les plus humbles maisons, descendaient dans les plus misérables cantines, montaient aux derniers étages et y portaient le pain et l'aumône de la patrie. Les ouvriers qui avaient une profession trouvaient aussi du travail, les malades des secours et des soins. Les deux dames qui se vouèrent avec le plus d'ardeur à cette œuvre de miséricorde furent les duchesses de Pepoli et de Cassano.

Dominique Cirillo était venu prier Luisa d'être une des quêteuses; mais elle répondit que sa position de femme du bibliothécaire du prince François lui interdisait toute démonstration publique du genre de celle que l'on réclamait d'elle.

N'avait-elle point fait assez, n'avait-elle point fait trop en amenant, sans le savoir, l'arrestation des deux Backer?

Cependant, en son nom et en celui de Salvato, elle donna trois mille ducats à la duchesse Fusco, l'une des quêteuses.

Mais la misère était si grande, que, malgré la générosité des citoyens, la caisse se trouva bientôt vide.

Le Corps législatif proposa alors que tous les employés de la République, quels qu'ils fussent, laissassent aux indigents la moitié de leur solde. Cirillo, qui avait abandonné tout ce qu'il possédait d'argent comptant, renonça à la moitié de son traitement comme membre du Corps législatif; tous ses collègues suivirent son exemple. On donna à chaque quartier de Naples des chirurgiens et des médecins qui devaient assister gratuitement tous ceux qui réclameraient leur secours.

La garde nationale eut la responsabilité de la tranquillité publique.

Avant son départ, Macdonald avait distribué des armes et des drapeaux. Il avait nommé pour général en chef ce même Bassetti que nous avons vu revenir battu et blessé par Mammone et Fra-Diavolo; pour second, Gennaro Ferra, frère du duc de Cassano; pour adjudant général, Francesco Grimaldi.

Le commandant de la place fut le général Frederici; le gouvernement du Château-Neuf resta au chevalier Massa, mais celui du château de l'Œuf fut donné au colonel L'Aurora.

Un corps de garde fut établi dans chaque quartier; des sentinelles furent placées de trente pas en trente pas.

Le 7 juin, le général Writz fit arrêter tous les anciens officiers de l'armée royale qui se trouvaient à Naples et qui avaient refusé de prendre du service pour la République.

Le 9, à huit heures du soir, on tira les trois coups d'alarme. Aussitôt, selon l'ordre donné, tous ceux qui n'étaient sur les contrôles ni de la garde nationale, ni d'aucune société patriotique, se retirèrent dans leurs maisons et fermèrent portes et fenêtres.

Au contraire, la garde nationale et les volontaires

s'élancèrent dans la rue de Tolède et sur les places publiques.

Manthonnet, redevenu ministre de la guerre, les passa en revue avec Writz et Bassetti, remis de sa blessure, au reste peu dangereuse. Ce dernier les complimenta sur leur zèle, leur déclara qu'au point où l'on en était arrivé, il n'y avait plus que deux partis à prendre : vaincre ou mourir. Après quoi, il les congédia, leur disant que les trois coups de canon d'alarme n'avaient été tirés que pour connaître le nombre des hommes sur lesquels on pouvait compter à l'heure du danger.

La nuit fut tranquille. Le lendemain, au point du jour, on tira le coup de canon qui indiquait que chacun pouvait sortir librement par la ville, aller où il voudrait et vaquer à ses propres affaires.

Le 31, on apprit que le cardinal était arrivé à Nola, c'est-à-dire qu'il n'était plus qu'à sept ou huit lieues de Naples.

LX

OU SIMON BACKER DEMANDE UNE FAVEUR

Dans un des cachots du Château-Neuf, dont la fenêtre grillée d'un triple barreau donnait sur la mer, deux hommes, l'un de cinquante-cinq à soixante ans, l'autre de vingt-cinq à trente, couchés tout habillés sur leur lit, écoutaient avec une attention plus qu'ordinaire cette mélopée lente et monotone des pêcheurs napolitains, tandis que la sentinelle, placée auprès de la muraille et dont la consigne était d'empêcher les prisonniers de fuir, mais non les pêcheurs de chanter, se promenait insoucieusement sur l'étroite bande de terre qui empêche les tours aragonaises de plonger à pic dans la mer.

Certes, si mélomanes que fussent ces deux hommes, ce n'était point l'harmonie du chant qui pouvait fixer ainsi leur attention. Rien de moins poétique et surtout rien de moins harmonieux que le rhythme sur lequel le peuple napolitain module ses interminables improvisations.

Il y avait donc pour eux évidemment dans les paroles un intérêt qu'il n'y avait pas dans le prélude; car, au premier couplet, le plus jeune des deux prisonniers se dressa sur son lit, saisit vigoureusement les barreaux de fer, se hissa jusqu'à la fenêtre et plongea son regard ardent à travers les ténèbres pour tâcher de voir le chanteur à la pâle et vacillante lueur de la lune.

— J'avais reconnu sa voix, dit le plus jeune des deux hommes, celui qui regardait et qui écoutait : c'est Spronio, notre premier garçon de banque.

— Écoutez ce qu'il dit, André, dit le plus vieux des deux hommes avec un accent allemand très-prononcé : vous comprenez mieux que moi le dialecte napolitain.

— Chut, mon père! dit le jeune homme, car le voilà qui s'arrête en face de notre fenêtre comme pour jeter ses filets. Sans doute a-t-il quelque bonne nouvelle à nous apprendre.

Les deux hommes se turent, et le faux pêcheur commença de chanter.

Notre traduction rendra mal la simplicité du récit, mais elle en donnera au moins le sens.

Comme l'avait pensé le plus jeune des deux prisonniers, c'étaient des nouvelles que leur apportait celui qu'ils avaient désigné sous le nom de Spronio.

Voici quel était le premier couplet, simple appel à l'attention de ceux pour lesquels la chanson était chantée :

> Il est descendu sur la terre,
> L'ange qui nous délivrera;
> Il a brisé comme du verre
> La lance de son adversaire,
> Et celui qui vivra verra !

— Il est question du cardinal Ruffo, dit le jeune homme à l'oreille duquel était parvenu le bruit de l'expédition, mais qui ignorait complétement où en était cette expédition.

— Écoutez, André, dit le père, écoutez !

Le chant continua :

> Rien ne résiste à sa puissance,
> Après Cotrone, Altamura
> Tombe, malgré sa résistance.
> Vainqueur du démon, il s'avance,
> Et celui qui vivra verra.

— Vous entendez, mon père, dit le jeune homme : le cardinal a pris Cotrone et Altamura.

Le chanteur poursuivit :

> Pour punir la ville rebelle,
> Hier, il partait de Nocera,

> Et ce soir, dit-on, la nouvelle
> Est qu'il couche à Noja la Belle,
> Et celui qui vivra verra.

— Entendez-vous, père ? dit joyeusement le jeune homme, il est à Nola.

— Oui, j'entends, j'entends, dit le vieillard ; mais il y a bien plus loin de Nola à Naples, peut-être, que de Palerme à Nola.

Comme si elle répondait à cette inquiétude du vieillard, la voix continua :

> Pour accomplir son entreprise,
> Demain, sur Naple il marchera,
> Et soit par force ou par surprise,
> Naples dans trois jours sera prise,
> Et celui qui vivra verra.

A peine le dernier vers avait-il grincé par la voix du chanteur, que le jeune homme lâcha les barreaux et se laissa retomber sur son lit : on entendait des pas dans le corridor et ces pas s'approchaient de la porte.

A la lueur de la triste lampe qui brûlait suspendue au plafond, le père et le fils n'eurent que le temps d'échanger un regard.

Ce n'était pas l'heure où l'on descendait dans leur cachot, et tout bruit inaccoutumé est, on le sait, inquiétant pour des prisonniers.

La porte du cachot s'ouvrit. Les prisonniers virent dans le corridor une dizaine de soldats armés, et une voix impérative prononça ces mots :

— Levez-vous, habillez-vous et suivez-nous.

— La moitié de la besogne est faite, dit gaiement le plus jeune des deux hommes; nous aurons donc l'avantage de ne pas vous faire attendre.

Le vieillard se leva en silence. Chose étrange, c'était celui qui avait le plus vécu qui semblait le plus tenir à la vie.

— Où nous conduisez-vous? demanda-t-il d'une voix légèrement altérée.

— Au tribunal, répondit l'officier.

— Hum! fit André, s'il en est ainsi, j'ai peur qu'il n'arrive trop tard.

— Qui? demanda l'officier croyant que c'était à lui que l'observation était faite.

— Oh! dit négligemment le jeune homme, quelqu'un que vous ne connaissez pas et dont nous parlions quand vous êtes entré.

Le tribunal devant lequel on conduisait les deux prévenus était le tribunal qui avait succédé à celui qui punissait les crimes de lèse-majesté; seulement, il punissait, lui, les crimes de lèse-nation.

Il était présidé par un célèbre avocat, nommé Vicenzo Lupo.

Il se composait de quatre membres et du président; et, pour que l'on n'eût point à conduire les prévenus à la Vicairie, ce qui pouvait exciter quelque émeute, il siégeait au Château-Neuf.

Les prisonniers montèrent deux étages et furent introduits dans la salle du tribunal.

Les cinq membres du tribunal, l'accusateur public et le greffier étaient à leur place, ainsi que les huissiers.

Deux siéges ou plutôt deux tabourets étaient préparés pour les accusés.

Deux avocats nommés d'office étaient assis et attendaient dans deux fauteuils placés à la droite et à la gauche des tabourets.

Ces deux avocats étaient les deux premiers jurisconsultes de Naples.

C'était Mario Pagano et Francesco Conforti.

Simon et André Backer saluèrent les deux jurisconsultes avec la plus grande courtoisie. Quoique appartenant à une opinion entièrement opposée, ils reconnaissaient qu'on avait choisi pour les défendre deux princes du barreau.

— Citoyens Simon et André Backer, leur dit le président, vous avez une demi-heure pour conférer avec vos avocats.

André salua.

— Messieurs, dit-il, agréez tous mes remercîments, non-seulement pour nous avoir donné, à mon père et à moi, des moyens de défense, mais encore pour avoir mis ces moyens de défense en des mains habiles. Toutefois, la manière dont je compte diriger les débats rendra, je le crois, inutile l'intervention de toute parole étrangère; ce qui ne diminuera en rien ma reconnaissance envers ces messieurs, qui ont bien voulu se charger de causes si désespérées. Maintenant, comme on est venu nous chercher dans notre prison au moment où nous nous y attendions le moins, nous n'avons pas pu, mon père et moi, arrêter un plan quelconque de défense. Je vous demanderai donc, au lieu de conférer une demi-heure avec nos avocats, de pouvoir conférer cinq minutes avec mon père. Dans une chose aussi grave que celle qui va se passer devant vous, c'est bien le moins que je prenne son avis.

— Faites, citoyen Backer.

Les deux avocats s'éloignèrent; les juges se retournèrent et causèrent; le greffier et les huissiers sortirent.

Les deux accusés échangèrent quelques paroles à voix basse, puis, même avant le temps qu'ils avaient demandé, se retournèrent vers le tribunal.

— Monsieur le président, dit André, nous sommes prêts.

La sonnette du président se fit entendre pour que chacun reprît sa place et pour faire rentrer les huissiers et le greffier absents.

Les défenseurs, de leur côté, se rapprochèrent des accusés. Au bout de quelques secondes, chacun se retrouva à son poste.

— Messieurs, dit Simon Backer avant de se rasseoir, je suis originaire de Francfort, et, par conséquent, je parle mal et difficilement l'italien. Je me tairai donc; mais mon fils, qui est né à Naples, plaidera ma cause en même temps que la sienne. Elles sont identiques : le jugement doit donc être le même pour lui et pour moi. Réunis par le crime, en supposant qu'il y ait crime à aimer son roi, nous ne devons pas être séparés dans le châtiment. Parle, André; ce que tu diras sera bien dit; ce que tu feras sera bien fait.

Et le vieillard se rassit.

Le jeune homme se leva à son tour, et, avec une extrême simplicité :

— Mon père, dit-il, se nomme Jacques Simon, et moi, je me nomme Jean-André Backer; il a cinquante-neuf ans, et moi, j'en ai vingt-sept; nous habitons rue Médina, n° 32; nous sommes banquiers de Sa Majesté Ferdinand. Instruit depuis mon enfance à honorer le roi et à vénérer la royauté, je n'ai eu, comme mon père, une fois la royauté abolie et le roi parti, qu'un désir : rétablir la royauté, ramener le roi. Nous avons conspiré dans ce but, c'est-à-dire pour renverser la République. Nous savions très-bien que nous risquions notre tête ; mais nous avons cru qu'il était de notre devoir de la risquer. Nous avons été dénoncés, arrêtés, conduits en prison. Ce soir, on nous a tirés de notre cachot et amenés devant vous pour être interrogés. Tout interrogatoire est inutile. J'ai dit la vérité.

Tandis que le jeune homme parlait, au milieu de la stupéfaction du président, des juges, de l'accusateur public, du greffier, des huissiers et des avocats, le vieillard le regardait avec un certain orgueil et confirmait de la tête tout ce qu'il disait.

— Mais, malheureux, lui dit Mario Pagano, vous rendez toute défense impossible.

— Quoique ce fût un grand honneur pour moi d'être défendu par vous, monsieur Pagano, je ne veux pas être défendu. Si la République a besoin d'exemples de dévouement, la royauté a besoin d'exemples de fidélité. Les deux principes du droit populaire et du droit divin entrent en lutte ; ils ont peut-être encore des siècles à combattre l'un contre l'autre ; il faut qu'ils aient à citer leurs héros et leurs martyrs.

— Mais il est cependant impossible, citoyen André Backer, que vous n'ayez rien à dire pour votre défense, insista Mario.

— Rien, monsieur, rien absolument. Je suis coupable dans toute l'étendue du mot, et je n'ai d'autre excuse à faire valoir que celle-ci : le roi Ferdinand fut toujours bon pour mon père, et, mon père et moi, nous lui serons dévoués jusqu'à la mort.

— Jusqu'à la mort, répéta le vieux Simon Backer continuant d'approuver son fils de la tête et de la main.

— Alors, citoyen André, dit le président, vous venez à nous non-seulement avec la certitude d'être condamné, mais encore avec le désir de vous faire condamner ?

— Je viens à vous, citoyen président, comme un homme qui sait qu'en venant à vous, il fait son premier pas vers l'échafaud.

— C'est-à-dire avec la conviction qu'en notre âme et conscience, nous ne pouvons faire autrement que de vous condamner ?

— Si notre conspiration avait réussi, nous vous avions condamné d'avance.

— Alors, c'était un massacre de patriotes que vous comptiez faire ?

— Cent cinquante au moins devaient périr.

— Mais vous n'étiez pas seuls pour accomplir cette horrible action ?

— Tout ce qu'il y a de cœurs royalistes à Naples, et il y en a plus que vous ne croyez, se fût rallié à nous.

— Inutile, sans doute, de vous demander les noms de ces fidèles serviteurs de la royauté ?

— Vous avez trouvé des traîtres pour nous dénoncer ; trouvez-en pour dénoncer les autres. Quant à nous, nous avons fait le sacrifice de notre vie.

— Nous l'avons fait, répéta le vieillard.

— Alors, dit le président, il ne nous reste plus qu'à rendre le jugement.

— Pardon, répondit Mario Pagano, il vous reste à m'entendre.

André se retourna avec étonnement vers l'illustre jurisconsulte.

— Et comment défendriez-vous un homme qui ne veut pas être défendu et qui réclame comme un salaire la peine qu'il a méritée ? demanda le président.

— Ce n'est pas le coupable que je défendrai, répondit Mario Pagano, c'est la peine que j'attaquerai.

Et, à l'instant même, avec une merveilleuse éloquence, il établit la différence qui doit exister entre le code d'un roi absolu et la législation d'un peuple libre. Il donna, comme dernières raisons des tyrans, le canon et l'échafaud ; il donna, comme suprême but des peuples, la persuasion ; il montra les esclaves de la force en hostilité éternelle contre leurs maîtres; il montra ceux du raisonnement, d'ennemis qu'ils étaient, se faisant apôtres. Il invoqua tour à tour Filangieri et Beccaria, ces deux lumières qui venaient de s'éteindre et qui avaient appliqué la toute-puissance de leur génie à combattre la peine de mort, peine inutile et barbare selon eux. Il rappela Robespierre, nourri de la lecture des deux jurisconsultes italiens, disciple du philosophe de Genève, demandant à l'Assemblée législative l'abolition de la peine de mort. Il en appela au cœur des juges pour leur demander, au cas où la motion de Robespierre eût passé, si la révolution française eût été moins grande pour avoir été moins sanglante et si Robespierre n'eût pas laissé une plus éclatante mémoire comme destructeur que comme applicateur de la peine de mort. Il déroula les quatre mois d'existence de la épublique parthénopéenne et la montra pure de sang versé, tandis qu'au contraire la réaction s'avançait contre elle par une route encombrée de cadavres. Était-ce la peine d'attendre la dernière heure de la liberté pour déshonorer son autel par un holocauste humain? Enfin, tout ce qu'une parole puissante et érudite peut puiser d'inspiration dans un noble cœur et d'exemples dans l'histoire du monde entier, Pagano le donna, et, terminant sa péroraison par un élan fraternel, il ouvrit les bras à André en le priant de lui donner le baiser de paix.

André pressa Pagano sur son cœur.

— Monsieur, lui dit-il, vous m'auriez mal compris si vous avez pu croire un instant que, mon père et moi, nous avons conspiré contre des individus : non, nous avons conspiré pour un principe. Nous croyons que la royauté seule peut faire la félicité des peuples; vous croyez, vous, que leur bonheur est dans la république : assises un jour à côté l'une de l'autre, nos deux âmes regarderont de là-haut juger ce grand procès, et, alors, j'espère que nous aurons oublié nous-mêmes que je suis israélite et vous chrétien, vous républicain et moi royaliste.

Puis, s'adressant à son père et lui offrant le bras :

— Allons, mon père, dit-il, laissons délibérer ces messieurs.

Et, se replaçant au milieu des gardes, il sortit de la

chambre du tribunal sans laisser à Francesco Conforti le temps de rien ajouter au discours de son confrère Mario Pagano.

La délibération ne pouvait être longue : le délit était patent et, on l'a vu, les coupables n'avaient pas cherché à le dissimuler.

Cinq minutes après, on rappela les prévenus ; ils étaient condamnés à mort.

Une légère pâleur couvrit les traits du vieillard lorsque les paroles fatales furent prononcées ; le jeune homme, au contraire, sourit à ses juges et les salua courtoisement.

— Inutile, dit le président, puisque vous avez refusé de vous défendre, inutile de vous demander, comme juges, si vous avez quelque chose à ajouter à votre défense; mais, comme hommes, comme citoyens, comme compatriotes, désespérés d'avoir à porter un si terrible jugement contre vous, nous vous demanderons si vous n'avez pas quelque désir à exprimer, quelque recommandation à faire?

— Mon père a, je crois, une faveur à vous demander, messieurs, faveur que, sans vous compromettre, je crois, vous pouvez lui accorder.

— Citoyen Backer, dit le président, nous vous écoutons.

— Monsieur, répondit le vieillard, la maison Backer et Cⁱᵉ existe depuis plus de cent cinquante ans, et c'est de sa pleine et entière volonté qu'elle a passé de Francfort à Naples. Depuis le 5 mai 1652, jour où elle fut fondée par mon trisaïeul Frédéric Backer, elle n'a jamais eu une discussion avec ses correspondants ni un retard dans ses échéances ; or, voici déjà plus de deux mois que nous sommes prisonniers et que la maison marche hors de notre présence.

Le président fit signe qu'il écoutait avec la plus bienveillante attention, et, en effet, non-seulement le président, mais tout le tribunal avait les yeux fixés sur le vieillard. Le jeune homme seul, qui savait probablement ce que son père avait à demander, regardait la terre, tout en fouettant distraitement le bas de son pantalon avec une badine.

Le vieillard continua :

— La faveur que je demande est donc celle-ci.

— Nous écoutons, dit le président, qui avait hâte de connaître cette faveur.

— Dans le cas, reprit le vieillard, où l'on aurait dû nous exécuter demain, nous demanderions, mon fils et moi, que l'on ne nous exécutât qu'après-demain, afin que nous eussions une journée pour faire notre inventaire et établir notre bilan. Si nous faisons ce travail nous-mêmes, je suis certain, malgré les mauvais jours que nous venons de traverser, les services que nous avons rendus au roi et l'argent que nous avons dépensé pour la cause, de laisser la maison Backer de quatre millions au moins au-dessus de ses affaires, et, comme elle fermera pour une cause indépendante de notre volonté, elle fermera honorablement. Puis, vous comprenez bien, monsieur le président, que, dans une maison comme la nôtre, qui fait pour cent millions d'affaires par an, il y a, malgré la confiance qu'on accorde à certains employés, bien des choses dont les maitres ont seuls le secret. Ainsi, par exemple, il y a peut-être plus de cinq cent mille francs de dépôts confiés à notre honneur, dont les propriétaires n'ont pas même de reçu et ne sont point portés sur nos registres. Vous comprenez, dans le cas où vous me refuseriez notre demande, les risques auxquels serait exposée notre réputation ; c'est pourquoi j'espère, monsieur le président, que vous voudrez bien nous faire reconduire demain à la maison, sous bonne garde, nous laisser toute la journée pour faire notre liquidation et ne nous faire fusiller qu'après-demain.

Le vieillard prononça ces paroles avec tant de simplicité et de grandeur à la fois, que non-seulement le président en fut ému, mais tout le tribunal profondément touché. Conforti lui saisit la main, la serra avec un élan qui triomphait de la différence d'opinions, tandis que Mario Pagano ne se cachait nullement pour essuyer une larme qui roulait de ses yeux.

Le président n'eut besoin que de consulter le tribunal d'un regard; puis, saluant le vieillard :

— Il sera fait comme vous désirez, citoyen Backer, et nous regrettons de ne pouvoir faire autre chose pour vous.

— Inutile! répondit Simon, puisque nous ne vous demandons pas autre chose.

Et, saluant le tribunal comme il eût fait d'une société d'amis qu'il quitterait, il prit le bras de son fils, alla avec lui se ranger au milieu des soldats, et tous deux redescendirent vers leur cachot.

Le chant du faux pêcheur avait cessé. André Backer se souleva, à la pointe des poignets, jusqu'à la fenêtre.

La mer était non-seulement silencieuse, mais déserte.

LXI

LA LIQUIDATION

Le lendemain, le guichetier entra à sept heures du matin dans le cachot des deux condamnés. Le jeune homme dormait encore, mais le vieillard, un crayon à la main, une feuille de papier sur les genoux, faisait des chiffres.

L'escorte qui devait les conduire rue Medina attendait.

Le vieillard jeta un coup d'œil sur son fils.

— Voyons, lui dit-il, lève-toi, André. Tu as toujours été paresseux, mon enfant; il faudra te corriger.

— Oui, répondit André en ouvrant les yeux et en disant bonjour de la tête à son père; seulement, je doute que Dieu m'en laisse le temps.

— Quand tu étais enfant, reprit mélancoliquement le vieillard, et que ta mère t'avait appelé deux ou trois fois, quoique éveillé par elle, tu ne pouvais te décider à quitter ton lit. J'étais parfois obligé de monter moi-même et de te forcer à te lever.

— Je vous promets, mon père, dit en se levant et en commençant de s'habiller le jeune homme, que, si je me réveille après-demain, je me lèverai tout de suite.

Le vieillard se leva à son tour, et, avec un soupir:

— Ta pauvre mère! dit-il, elle a bien fait de mourir!

André alla à son père, et, sans dire une parole, l'embrassa tendrement.

Le vieux Simon le regarda

— Si jeune!... murmura-t-il. Enfin!...

Au bout de dix minutes, les deux prisonniers étaient habillés.

André frappa à la porte de son cachot; le geôlier reparut.

— Ah! dit-il, vous êtes prêts? Venez, votre escorte vous attend.

Simon et André Backer prirent place au milieu d'une douzaine d'hommes chargés de les conduire jusqu'à leur maison de banque, située, comme nous l'avons dit, rue de Medina.

De la porte du Château-Neuf à la maison des Backer, il n'y avait qu'un pas. A peine quelques regards curieux s'arrêtèrent-ils, à leur passage, sur les prisonniers, qui, en un instant, furent arrivés à la porte de la maison de banque.

Il était huit heures du matin à peine ; cette porte était encore fermée, les employés n'arrivant d'habitude qu'à neuf heures.

Le sergent qui commandait l'escorte sonna : le valet de chambre du vieux Backer vint ouvrir, poussa un cri, et, du premier mouvement, fut prêt à se jeter dans les bras de son maître. C'était un vieux serviteur allemand, qui, tout enfant, l'avait suivi de Francfort.

— O mon cher seigneur, lui dit-il, est-ce vous ? et mes pauvres yeux qui ont tant pleuré votre absence, ont-ils le bonheur de vous revoir ?

— Oui, mon Fritz, oui. Et tout va-t-il bien dans la maison ? demanda Simon.

— Pourquoi tout n'irait-il pas bien en votre absence, comme en votre présence ? Dieu merci, chacun connaît son devoir. A neuf heures du matin, tous les employés sont à leur poste et chacun fait sa besogne en conscience. Il n'y a que moi qui, malheureusement, aie du temps de reste, et cependant, tous les jours, je brosse vos habits ; deux fois par semaine, je compte votre linge ; tous les dimanches, je remonte les pendules, et je console du mieux que je puis votre chien César, qui, depuis votre départ, mange à peine et ne fait que se lamenter.

— Entrons, mon père, dit André : ces messieurs s'impatientent et le peuple s'amasse.

— Entrons, répéta le vieux Backer.

On laissa une sentinelle à la porte, deux dans l'antichambre, on dispersa les autres dans le corridor. Au reste, comme c'est l'habitude dans ces sortes de maisons, le rez-de-chaussée était grillé. Les deux prisonniers, en rentrant chez eux, n'avaient donc fait que changer de prison.

André Backer s'achemina vers la caisse, et, le caissier n'étant point encore arrivé, l'ouvrit avec sa double clef, tandis que Simon Backer prenait place dans son cabinet, qui n'avait point été ouvert depuis son arrestation.

On plaça des sentinelles aux deux portes.

— Ah! fit le vieux Backer poussant un soupir de satisfaction en reprenant sa place dans le fauteuil où il s'était assis pendant trente-cinq ans.

Puis il ajouta :

— Fritz, ouvrez le volet de communication.

Fritz obéit, ouvrit un ressort donnant du cabinet dans la caisse, de façon que le père et le fils pouvaient, sans quitter chacun son bureau, se parler, s'entendre et même se voir.

A peine le vieux Backer était-il assis, qu'avec des cris et des hurlements de joie un grand épagneul, trainant sa chaîne brisée, se précipita dans son cabinet et bondit sur lui comme pour l'étrangler.

Le pauvre animal avait senti son maître, et, comme Fritz, venait lui souhaiter la bienvenue.

Les deux Backer commencèrent à dépouiller leur correspondance. Toutes les lettres sans recommandation avaient été décachetées par le premier commis ; toutes celles qui portaient une mention particulière ou le mot *Personnelle* avaient été mises en réserve.

C'étaient ces lettres-là qu'on n'avait pu faire parvenir aux prisonniers, avec lesquels toute communication était défendue, que ceux-ci retrouvaient sur leur bureau en rentrant chez eux.

Neuf heures sonnaient à la grande pendule du temps de Louis XIV qui ornait le cabinet de Simon Backer, lorsque, avec sa régularité habituelle, le caissier arriva.

C'était, comme le valet de chambre, un Allemand, nommé Klagmann.

Il n'avait trop rien compris à la sentinelle qu'il avait vue à la porte, ni aux soldats qu'il avait trouvés dans les corridors. Il les avait interrogés ; mais, esclaves de leur consigne, ils ne lui avaient pas répondu.

Cependant, comme l'ordre avait été donné de laisser entrer et sortir tous les employés de la maison, il pénétra jusqu'à sa caisse sans difficulté.

Son étonnement fut grand lorsque, à sa place, assis sur sa chaise, il trouva son jeune maître, André Backer, et qu'à travers le vasistas, il put voir, assis dans son cabinet et à sa place habituelle, le vieux Backer.

Hors les sentinelles à la porte, dans l'antichambre et dans les corridors, rien n'était changé.

André répondit cordialement, quoique en conservant la distance du maître à l'employé, aux démonstrations joyeuses du caissier, qui, à travers le vasistas, s'empressa de faire au père les mêmes compliments qu'il venait de faire au fils.

— Où est le chef de la comptabilité? demanda André à Klagmann.

Le caissier tira sa montre.

— Il est neuf heures cinq minutes, monsieur André; je parierais que M. Sperling tourne en ce moment la rue San-Bartolomeo. Votre Seigneurie sait qu'il est toujours ici entre neuf heures cinq et neuf heures sept minutes.

Et, en effet, à peine le caissier avait-il achevé,

que l'on entendit dans l'antichambre la voix du chef de la comptabilité qui s'informait à son tour.

— Sperling ! Sperling ! cria André en appelant le nouvel arrivant ; venez, mon ami, nous n'avons pas de temps à perdre.

Sperling, de plus en plus étonné, mais n'osant faire de questions, passa dans le cabinet du chef de la maison.

— Mon cher Sperling, fit Simon Backer en l'apercevant, tandis que Klagmann, attendant des ordres, se tenait debout dans la caisse, mon cher Sperling, je n'ai pas besoin de vous demander si nos écritures sont au courant ?

— Elles y sont, mon cher seigneur, répondit Sperling.

— Alors, vous avez une position de la maison ?

— Elle a été arrêtée hier par moi, à quatre heures.

— Et que constate votre inventaire ?

— Un bénéfice d'un million cent soixante-quinze mille ducats.

— Tu entends, André ? dit le père à son fils.

— Oui, mon père : un million cent soixante-quinze mille ducats. Est-ce d'accord avec les valeurs que vous avez en caisse, Klagmann ?

— Oui, monsieur André, nous avons vérifié hier.

— Et nous allons vérifier de nouveau ce matin; si tu veux, mon brave garçon.

— A l'instant, monsieur.

Et, tandis que Sperling attendant la vérification de la caisse, causait à voix basse avec Simon Backer, Klagmann ouvrit une armoire de fer à triple serrure, compliquée de chiffres et de numéros, et tira un portefeuille s'ouvrant lui-même à clef. Klagmann ouvrit le portefeuille, et le déposa devant André.

— Combien contient ce portefeuille? demanda le jeune homme.

— 635,412 ducats en traites sur Londres, Vienne et Francfort.

André vérifia et trouva le compte exact.

— Mon père, dit-il, j'ai les 635,412 ducats de traites.

Puis, se tournant vers Klagmann :

— Combien en caisse? demanda-t-il.

— 425,604 ducats, monsieur André.

— Vous entendez, mon père? demanda le jeune homme.

— Parfaitement, André. Mais, de mon côté, j'ai sous les yeux la balance générale des écritures. Les comptes créanciers s'élèvent à 1,455,612 ducats, et les comptes débiteurs présentent le chiffre de

1,650,000 ducats, lequel, avec d'autres comptes de débiteurs divers et de banques, montant à 1,063,087 ducats, nous donnent un avoir de 2,713,087 ducats. Vois, de ton côté, ce qui existe à notre débit. En même temps que tu vérifieras avec Klagmann, je vérifierai, moi, avec Sperling.

En ce moment, la porte du cabinet s'ouvrit et Fritz, avec sa régularité accoutumée, avant que la pendule eût cessé de sonner onze heures, annonçait que *monsieur était servi*.

— As-tu faim, André? demanda le vieux Backer.

— Pas beaucoup, répondit André; mais, comme, au bout du compte, il faut manger, mangeons.

Il se leva et retrouva son père dans le corridor. Tous deux s'acheminèrent vers la salle à manger, suivis des deux sentinelles.

Tous les employés étaient arrivés entre neuf heures et neuf heures un quart, moins Spronio.

Ils n'avaient point osé entrer à la caisse ni dans le cabinet pour présenter leurs respects aux deux prisonniers; mais ils les attendaient au passage, les uns sur la porte de leur bureau, les autres à celle de la salle à manger.

Comme on savait dans quelles conditions les deux prisonniers étaient revenus à la maison de banque, un voile épais de tristesse était répandu sur les visages. Deux ou trois des plus anciens employés détournaient la tête : ceux-là pleuraient.

Le père et le fils, après s'être arrêtés un instant un milieu d'eux, entrèrent dans la salle à manger.

Les sentinelles restèrent à la porte, mais au dedans de la salle à manger. Ordre leur était donné de ne point perdre de vue les deux condamnés.

La table était servie comme de coutume, Fritz se tenait debout derrière la chaise du vieux Simon.

— Quand nous aurons fait notre compte, il ne faudra point oublier tous ces vieux serviteurs-là, dit Simon Backer.

— Oh! soyez tranquille, mon père, répliqua André; par bonheur, nous sommes assez riches pour ne point forcer notre reconnaissance à faire sur eux des économies.

Le déjeuner fut court et silencieux. A la fin de son repas, André, en raison d'une vieille coutume allemande, avait l'habitude de boire à la santé de son père.

— Fritz, dit-il au vieux serviteur, descendez à la cave, prenez une demi-bouteille de tokay impérial de 1672, c'est le plus vieux et le meilleur : — j'ai une santé à porter.

Simon regarda son fils.

Fritz obéit sans demander d'explication, et remonta tenant à la main la demi-bouteille de tokay désignée.

André emplit son verre et celui de son père; puis il demanda à Fritz un troisième verre, l'emplit à son tour et le présenta à Fritz.

— Ami, lui dit-il, car, depuis plus de trente ans que tu es dans la maison, tu n'es plus un serviteur, tu es un ami, — bois avec nous un verre de vin impérial à la santé de ton vieux maître, et que, malgré les hommes et leur jugement, Dieu lui accorde, aux dépens des miens, de longs et honorables jours.

— Que dis-tu, que fais-tu mon fils? s'écria le vieillard.

— Mon devoir de fils, dit en souriant André. Il a bien entendu la voix d'Abraham priant pour Isaac: peut-être entendra-t-il la voix d'Isaac priant pour Abraham.

Simon porta d'une main tremblante son verre à sa bouche et le vida à trois reprises.

André porta le sien d'une main ferme à ses lèvres et le vida d'un trait.

Fritz essaya plusieurs fois de boire le sien: il n'y put parvenir: il étranglait.

André remplit du reste de la demi-bouteille les

deux verres que Simon et lui venaient de vider, et, les présentant aux deux soldats :

— Et vous aussi, dit-il, buvez, comme je viens de le faire, à la santé de la personne qui vous est la plus chère.

Les deux soldats burent en prononçant chacun un nom.

— Allons, André, dit le vieillard, à la besogne, mon ami !

Puis, à Fritz :

— Tu t'informeras de Spronio, dit-il ; j'ai peur qu'il ne lui soit arrivé malheur.

Les deux prisonniers rentrèrent dans leur bureau, et le travail continua.

— Nous en étions à notre crédit, n'est-ce pas mon père? demanda André.

— Et ce crédit montait à 2,715,087 ducats, répondit le vieillard.

— Eh bien, reprit André, notre débit se compose de 1,125,412 ducats en dettes diverses à Londres, Vienne et Francfort.

— C'est bien, j'inscris.

— 275,000 ducats à la chevalière San-Felice.

Le jeune homme ne put prononcer ce nom sans un cruel serrement de cœur.

Un soupir du père répondit au tremblement de voix du fils.

— C'est inscrit, dit-il.

— 27,000 ducats à Sa Majesté Ferdinand, que Dieu garde! solde de l'emprunt Nelson.

— Inscrit, répéta Simon.

— 28,200 ducats sans nom.

— Je sais ce que c'est, répondit Simon. Quand le prince de Tarsia fut poursuivi par le procureur fiscal Vanni, il déposa chez moi cette somme. Il est mort subitement et sans avoir eu le temps de rien dire à sa famille du dépôt qu'il avait fait chez moi. Tu écriras un mot à son fils, et Klagmann, aujourd'hui même, ira lui porter ces 28,200 ducats.

Il y eut un instant de silence pendant lequel André exécuta l'ordre de son père.

La lettre écrite, il la remit à Klagmann en lui disant :

— Tu porteras cette lettre au prince de Tarsia ; tu lui diras qu'il peut se présenter quand il voudra à la caisse; on payera à vue.

— Après ? demanda Simon.

— C'est tout ce que nous devons, mon père. Vous pouvez additionner.

Simon additionna et trouva que la maison Backer

devait une somme de 1, 455,612 ducats, c'est-à-dire 4, 922, 548 francs de notre monnaie.

Une satisfaction visible se peignit sur les traits du vieillard. Une certaine panique s'était, depuis l'arrestation des deux chefs de la maison, répandue parmi les créanciers. Chacun s'était hâté de réclamer le remboursement de ce qui lui était dû. On avait, en moins de deux mois, fait face à plus de treize millions de traites.

Ce qui aurait renversé toute autre maison, n'avait pas même ébranlé la maison Backer.

— Mon cher Sperling, dit Simon au chef de la comptabilité, pour couvrir les comptes créanciers, vous allez à l'instant même faire préparer des traites sur les débiteurs de la maison pour une somme égale à celle dont nous sommes débiteurs. Ces traites faites, vous les présenterez à André, qui les signera, ayant la signature.

Le chef de la comptabilité sortit pour exécuter l'ordre qui lui était donné.

— Dois-je porter tout de suite cette lettre au prince de Tarsia ? demanda Klagmann.

— Oui, allez, et revenez le plus vite possible ; mais, en route, tâchez de savoir quelque nouvelle de Spronio.

Le fils et le père restèrent seuls, le père dans son cabinet, le fils à la caisse.

— Il serait bon, je crois, mon père, dit André, de faire une circulaire annonçant la liquidation de notre maison.

— J'allais te le dire, mon enfant. Rédige-la; on en fera faire autant de copies qu'il sera nécessaire, ou, mieux encore, on la fera imprimer; de sorte que tu n'auras la peine de signer qu'une fois.

— Économie de temps. Vous avez raison, mon père, il ne nous en reste pas trop.

Et André rédigea la circulaire suivante :

« Les chefs de la maison Simon et André Backer, de Naples, ont l'honneur de prévenir les personnes avec lesquelles ils sont en relations d'affaires, et particulièrement celles qui pourraient avoir quelque créance sur eux, que, par suite de la condamnation à mort des chefs de la maison, la susdite maison commencera sa liquidation à partir de demain 13 mai, jour de leur exécution.

» Le terme de la liquidation est fixé à un mois.

» On payera à bureau ouvert. »

Cette circulaire terminée, André Backer la lut à son père en lui demandant s'il ne voyait rien à y retrancher ou à y ajouter.

— Il y a à y ajouter la signature, répondit froidement le père.

Et, comme, ainsi que nous l'avons dit, André Backer avait la signature, il signa.

Simon Backer sonna : un garçon de bureau ouvrit la porte de son cabinet.

— Passez chez mon fils, dit-il, prenez-y et portez à l'imprimerie une circulaire qu'il faut composer le plus tôt possible.

Les deux condamnés restèrent de nouveau seuls.

— Mon père, dit André, nous avons à notre actif 1,259,475 ducats. Que comptez vous en faire ? Ayez la bonté de me donner vos ordres et je les exécuterai.

— Mon ami, dit le père, il me semble que nous devons, avant tout, penser à ceux qui nous ont bien servis pendant la prospérité et qui nous sont restés fidèles pendant le malheur. Tu as dit que nous étions assez riches pour ne pas faire d'économies sur notre reconnaissance : comment la leur prouverais-tu ?

— Mais, mon père, en leur continuant leurs appointements leur vie durant.

— Je voudrais faire mieux que cela, André. Nous avons ici dix-huit personnes attachées à notre service, tant employés que serviteurs ; le total des gages et appointements, depuis les plus forts jusqu'aux plus faibles, monte à dix mille ducats. Dix mille ducats représentent un capital de deux cent mille ducats; en prélevant 200,000 ducats, il nous reste une somme de 1,059,475 ducats, somme encore considérable. Mon avis est donc, qu'au bout de notre liquidation, qui peut durer un mois, chacun de nos employés ou de nos serviteurs touche, non pas la rente, mais le capital de ses gages et de ses appointements; est-ce aussi ton avis?

— Mon père, vous êtes la véritable charité, je ne suis, moi, que son ombre; seulement, j'ajouterai ceci : en temps de révolution comme celui où nous vivons, nul ne peut répondre du lendemain. Au milieu d'une émeute, notre maison peut-être pillée, incendiée, que sais-je? Nous avons un encaisse de 400,000 ducats : payons aujourd'hui même à ceux que nous laissons derrière nous le legs qu'ils ne devaient toucher qu'après notre mort. Ce sont des voix qui nous béniront et qui prieront pour nous; et, au point où nous en sommes, ces voix-là sont le meilleur appui que nous puissions imaginer pour nous devant le Seigneur.

— Qu'il soit fait ainsi. Prépare pour Klagmann un ordre de payer aujourd'hui même les 200,000 ducats à qui de droit et le mois qu'ils ont encore à travailler pour nous à appointements doubles.

— L'ordre est signé, mon père.

— Maintenant, mon ami, chacun de nous a dans son cœur certains souvenirs qui, pour être secrets, n'en sont pas moins religieux. Ces souvenirs imposent des obligations. Plus jeune que moi, tu dois en avoir plus que moi, qui ai déjà vu s'éteindre une partie de ces souvenirs. Sur le million cinquante-neuf mille quatre cent soixante-quinze ducats qui nou restent, je prends cent mille ducats et t'en laisse deux cent mille : chacun de nous, sans en rendre compte, fera de cette somme ce que bon lui semblera.

— Merci, mon père. Il nous restera 759,475 ducats.

— Veux-tu que nous laissions 100,000 ducats à chacun des trois établissements humanitaires de Naples, aux Enfants trouvés, aux Incurables, à l'auberge des Pauvres ?

— Faites, mon père. Restera 459,475 ducats.

— Dont l'héritier naturel est notre cousin, Moïse Backer, de Francfort.

— Lequel est plus riche que nous, mon père, et qui aura honte de recevoir un pareil héritage de sa famille.

— A ton avis, que faire de cette somme ?

— Mon père, je n'ai point de conseil à vous donner lorsqu'il s'agit de philosophie et d'humanité. On va combattre : dans un parti comme dans l'autre, avant que Naples soit prise, il y aura bien des hommes tués. Haïssez-vous nos ennemis, mon père ?

— Je ne hais plus personne, mon fils.

— C'est un des salutaires effets de la mort qui vient, dit, comme en se parlant à lui-même et à demi-voix, André.

Puis, tout haut :

— Eh bien, mon père, que diriez-vous de laisser la somme qui nous reste, moins celle nécessaire à la liquidation, aux veuves et aux orphelins que fera la guerre civile, de quelque parti qu'ils soient ?

Le vieillard se leva sans répondre, passa de son cabinet dans celui d'André Backer et embrassa son fils en pleurant.

— Et qui chargeras-tu de cette répartition ?

— Avez-vous quelqu'un à me proposer, mon père ?

— Non, mon enfant. Et toi ?

— J'ai une sainte créature, mon père, j'ai la chevalière de San-Felice.

— Celle qui nous a dénoncés ?

— Mon père, j'ai beaucoup réfléchi : j'ai appelé, pendant de longues nuits, mon cœur et mon esprit à mon aide, afin qu'ils me donnassent le mot de cette terrible énigme. Mon père, j'ai la conviction que Luisa n'est point coupable.

— Soit, répondit le vieux Simon. Si elle n'est pas coupable, le choix que tu fais est digne d'elle ; si elle est coupable, c'est un pardon, et je me joins à toi pour le lui donner.

Cette fois, ce fut le fils qui se jeta dans les bras de son père et qui le pressa contre son cœur.

— Eh bien, dit le vieux Simon, voici notre liquidation faite. Ce n'a point été aussi difficile que je l'aurais cru.

Deux heures après, toutes les dispositions prises par Simon et André Backer étaient connues de toute la maison ; employés et serviteurs avaient reçu le capital de leurs appointements et de leurs gages, et les deux condamnés rentraient dans la prison, d'où ils ne devaient plus sortir que pour marcher au supplice au milieu d'un concert de louanges et de bénédictions.

Quant à Spronio, on avait enfin su ce qu'il était devenu.

On s'était présenté la nuit à son domicile pour l'arrêter ; il s'était sauvé par une fenêtre, et il était probable qu'il était allé rejoindre le cardinal à Nola.

LXII

UN DERNIER AVERTISSEMENT

Pendant la nuit qui suivit la réintégration des deux Backer à leur prison, dans une des chambres du palais d'Angri, où, il continuait de demeurer, Salvato, assis à une table, le front appuyé dans sa main gauche, écrivait de cette écriture ferme et lisible qui était l'emblème de son caractère, la lettre suivante :

Au frère Joseph, couvent du Mont-Cassin.

« 12 juin 1799.

» Mon père bien-aimé,

» Le jour de la lutte suprême est venu. J'ai obtenu du général Macdonald de rester à Naples, attendu qu'il m'a semblé que mon premier devoir, comme Napolitain, était de défendre mon pays. Je ferai tout ce que je pourrai pour le sauver ; si je ne puis le sauver, je ferai tout ce que je pourrai pour mourir. Et, si je meurs, deux noms bien-aimés flotteront sur ma bouche à mon dernier soupir et serviront d'ailes à mon âme pour monter au ciel : le vôtre et celui de Luisa.

» Quoique je connaisse votre profond amour pour moi, je ne vous demande rien pour moi, mon père ; — mon devoir m'est tracé, je vous l'ai dit, je l'accomplirai ; — mais, si je meurs, ô père bien-aimé ! je la laisse seule, et, cause innocente de la mort de deux hommes condamnés hier à être fusillés, qui sait si la vengeance du roi ne la poursuivra pas, tout innocente qu'elle est !

» Si nous sommes vainqueurs, elle n'a point à craindre cette vengeance, et cette lettre n'est qu'un témoignage de plus du grand amour que j'ai pour vous et de l'éternel espoir que j'ai en vous.

» Si nous sommes vaincus, au contraire, si je suis hors d'état de lui porter secours, c'est vous, mon père, qui me remplacerez.

» Alors, mon père, vous quitterez les hauteurs sublimes de votre montagne sainte, et vous redescendrez dans la vie. Vous vous êtes imposé cette mission de disputer l'homme à la mort ; vous ne vous écarterez pas de votre but en sauvant cet ange dont je vous ai dit le nom et raconté les vertus.

» Comme, à Naples, l'argent est le plus sûr auxiliaire que l'on puisse avoir, j'ai, dans un voyage à Molise, réuni cinquante mille ducats, dont quelques centaines ont été dépensées par moi, mais dont la presque totalité est enfouie dans une caisse de fer au Pausilippe près des ruines du tombeau de Virgile, au pied de son laurier éternel : vous les trouverez là.

» Nous sommes entourés, je ne dirai pas seulement d'ennemis, ce qui ne serait rien, mais de trahisons, ce qui est horrible. Le peuple est tellement aveuglé, ignorant, abruti par ses moines et ses superstitions, qu'il tient pour ses plus grands ennemis ceux qui veulent le faire libre, et qu'il voue une espèce de culte à quiconque ajoute une chaîne aux chaînes qu'il porte déjà.

» O mon père, mon père, celui qui, comme nous, se consacre au salut des corps, acquiert un grand mérite devant Dieu; mais bien plus grand, croyez-moi, sera le mérite de celui qui se vouera à l'éducation de ces esprits, à l'illumination de ces âmes.

» Adieu, mon père ; le Seigneur tient en ses mains la vie des nations ; vous tenez dans vos mains plus que ma vie : vous tenez mon âme.

» Tous les respects du cœur.

» Votre SALVATO,

» *P.-S.* — Inutile et même dangereux que vous me répondiez, au milieu de tout ce qui se passe ici. Votre messager peut être arrêté et votre réponse lue. Vous remettrez au porteur trois grains de votre chapelet; ils représenteront pour moi cette foi qui me manque, cette espérance que j'ai en vous, cette charité qui déborde de votre cœur. »

Cette lettre achevée, Salvato se retourna et appela Michele.

La porte s'ouvrit aussitôt et Michele parut.

— As-tu trouvé l'homme qu'il nous faut? demanda Salvato.

— Retrouvé, vous voulez dire, car c'est le même qui a fait trois voyages à Rome pour remettre au général Championnet les lettres du comité républicain et lui donner de vos nouvelles.

— Alors, c'est un patriote?

— Qui n'a qu'un regret, Excellence, dit le messager en paraissant à son tour, c'est que vous l'éloigniez de Naples au moment du danger.

— C'est toujours servir Naples, crois-moi, que d'aller où tu vas.

— Ordonnez, je sais qui vous êtes et ce que vous valez.

— Voici une lettre que tu vas porter au mont Cassin : tu demanderas frère Joseph et lui remettras cette lettre, à lui seul, entends-tu?

— Attendrai-je une réponse?

— Comme je ne sais point qui sera maître de Naples lorsque tu reviendras, cette réponse sera un signe convenu entre nous : pour moi, ce signe voudra tout dire. Michele a-t-il fait prix avec toi?

— Oui, répondit le messager, une poignée de main à mon retour.

— Allons, allons, dit Salvato, je vois qu'il y a encore de braves gens à Naples. Va, frère, et que Dieu te conduise!

Le messager partit.

— Maintenant, Michele, dit Salvato, pensons à elle.

— Je vous attends, mon brigadier, dit le lazzarone.

Salvato boucla son sabre, passa une paire de pistolets dans sa ceinture, donna l'ordre à son calabrais de l'attendre à minuit, avec deux chevaux de main, place du Môle, longea Toledo, prit la rue de Chiaïa, suivit la plage de la mer et atteignit Mergellina.

A mesure qu'il approchait de la maison du Palmier, il lui semblait entendre une espèce de psalmodie étrange, récitée sur un air qui n'en était pas un.

La personne qui faisait entendre ce chant se tenait debout contre la maison, au-dessous de la fenêtre de la salle à manger, et l'on voyait sa longue taille se dessiner sur la muraille par un relief sombre et immobile.

Michele, le premier, reconnut la sorcière albanaise qui, dans toutes les circonstances importantes de la vie de Luisa, lui était apparue.

Il prit le bras de Salvato pour que celui-ci écoutât ce qu'elle disait. Elle en était à la dernière strophe de son chant; mais les deux hommes purent encore entendre ces paroles :

> Loin de nous s'enfuit l'hirondelle
> Lorsque du nord soufflent les vents.
> Pauvre colombe, fais comme elle,
>   Puisque ton aile
> Connaît la route du printemps !

— Entrez chez Luisa, dit Michele à Salvato : je vais retenir Nanno; et, si Luisa juge à propos de la consulter, appelez-nous.

Salvato avait une clef de la porte du jardin; car peu à peu, nous l'avons dit, tous ces mystères qui enveloppent un amour naissant et craintif avaient sinon disparu, du moins été un peu éclaircis, quoique les amis seuls pussent lire à travers leur demi-transparence.

Salvato laissa la porte poussée seulement contre la muraille, monta le perron, ouvrit la porte de la salle à manger et trouva Luisa debout devant sa jalousie.

Il était évident que la jeune femme n'avait point perdu un vers de la ballade de Nanno.

En apercevant Salvato, elle alla à lui, et, avec un triste sourire, posa sa tête sur son épaule.

— Je t'ai vu venir de loin avec Michele, dit-elle j'écoutais cette femme.

— Et moi aussi, dit Salvato; mais je n'ai entendu que la dernière strophe de son chant.

— C'était une répétition des autres. Il y en avait trois : toutes annoncent un danger et invitent à le fuir.

— Tu n'as jamais eu à te plaindre de cette femme?

— Jamais, au contraire. Dès le premier jour où je l'ai vue, elle m'a, il est vrai, prédit une chose qu'alors je croyais impossible.

— La crois-tu plus vraisemblable maintenant?

— Tant de choses impossibles à prévoir sont arrivées depuis que nous nous connaissons, mon ami, que tout me semble devenu possible.

— Veux-tu que nous fassions monter cette sorcière? Si tu n'as jamais eu à te plaindre d'elle, j'ai eu, moi, à m'en louer, puisque c'est elle qui a posé le premier appareil sur ma blessure, que cette blessure pouvait être mortelle et que je n'en suis pas mort.

— Seule, je n'eusse point osé; mais, avec toi, je ne crains rien.

— Et pourquoi n'eusses-tu point osé? dit derrière les deux jeunes gens une voix qui les fit tressaillir, parce qu'ils la reconnurent pour celle de la sorcière. Est-ce que je n'ai pas toujours, comme un bon génie, essayé de détourner de toi le malheur? Est-ce que, si tu avais suivi mes conseils, tu ne serais point à Palerme, auprès de ton protecteur naturel, au lieu d'être ici, tremblante, sous l'accusation d'avoir dénoncé deux hommes qui seront fusillés demain? Est-ce que, aujourd'hui, enfin, tandis qu'il en est temps encore, si tu voulais les suivre, est-ce que tu n'échapperais pas au destin que je t'ai prédit, et vers lequel tu t'achemines fatalement? Je te l'ai dit, Dieu a écrit la destinée des mortels dans leur main, pour que, avec une volonté ferme, ils pussent lutter contre cette destinée. Je n'ai pas vu ta main depuis le jour où je t'ai prédit une mort fatale et violente. Eh bien, regarde-la aujourd'hui, et dis-moi si cette étoile que je t'ai signalée et qui coupait en deux la ligne de la vie, à peine visible à cette époque, n'a pas doublé d'apparence et de grandeur!

La San-Felice regarda sa main et poussa un cri.

— Regarde toi-même, jeune homme, continua la sorcière s'adressant à Salvato, et tu verras si un poinçon rougi au feu la marquerait d'un pourpre plus vif que ne le fait la Providence, qui, par ma bouche, te donne un dernier avis.

Salvato prit Luisa dans ses bras, l'entraîna vers la lumière, ouvrit la main qu'elle s'efforçait de tenir fermée, et jeta à son tour un léger cri d'étonnement : une étoile, large comme une petite lentille, dont les cinq rayons, bien visibles, divergeaient, coupait en deux la ligne de la vie.

— Nanno, dit le jeune homme, je reconnais que tu es notre amie; quand j'avais encore ma liberté d'action, quand je pouvais m'éloigner de Naples, j'ai proposé à Luisa de l'emmener à Capoue, à Gaete, ou même à Rome; aujourd'hui, il est trop tard : je suis enchaîné à la fortune de Naples.

— Voilà pourquoi je suis venue, dit la sorcière; car ce que tu ne peux plus faire, moi, je puis le faire encore.

— Je ne comprends pas, dit Salvato.

— C'est bien simple cependant. Je prends cette

jeune femme avec moi, et je l'emmène au nord, c'est-à-dire où le danger n'est pas.

— Et comment l'emmènes-tu?

Nanno écarta sa longue mante, et, montrant un paquet qu'elle tenait à la main :

— Il y a, dit-elle, dans ce paquet un costume complet de paysanne de Maïda. Sous le costume albanais, nul ne reconnaîtra la chevalière San-Felice : elle sera ma fille. Tout le monde connaît la vieille Nanno, et ni républicains ni sanfédistes ne diront rien à la fille de la sorcière albanaise.

Salvato regarda Luisa.

— Tu entends, Luisa, dit-il.

Michele, qui, jusque-là, était resté inaperçu dans l'ombre de la porte, s'approcha de Luisa, et, se mettant à genoux devant elle :

— Je t'en prie, Luisa, lui dit-il, écoute la voix de Nanno. Tout ce qu'elle a prédit est arrivé jusqu'à présent, pour toi comme pour moi. Pour moi, elle a prédit que, de lazzarone, je deviendrais colonel, et voilà que, contre toute probabilité, je le suis devenu. Reste maintenant le mauvais côté de la prédiction, et il est probable qu'il s'accomplira aussi. Pour toi, elle a prédit qu'un beau jeune homme serait blessé sous tes fenêtres, et le beau jeune homme a été blessé ; elle a prédit que tu l'aimerais, et tu l'aimes ;

elle a prédit que cet amant te perdrait, et il te perd, puisque, par amour pour lui, tu refuses de fuir. Luisa, écoute ce que te dit Nanno! Tu n'es pas homme, toi : tu ne seras pas déshonorée si tu fuis. Nous, il nous faut rester et combattre, combattons. Si nous survivons tous deux, nous allons te rejoindre ; si un seul survit, un seul y va. Je sais bien que, si c'est moi qui y vais, je ne remplacerai pas Salvato ; mais ce n'est point probable : aucune prédiction ne condamne d'avance Salvato à mort, tandis que, moi, je suis condamné. Quand la sorcière t'a dit tout à l'heure de regarder dans ta main, ma pauvre Luisa, j'ai, malgré moi, regardé dans la mienne. L'étoile y est toujours et bien autrement visible qu'elle ne l'était il y a huit mois, c'est-à-dire le jour de la prédiction. Revêts donc ces habits, chère petite sœur ; tu sais comme tu étais jolie sous le costume d'Assunta.

— Hélas! murmura Luisa, ce fut une douce soirée pour moi que celle où je le revêtis. Comme ce temps-là est déjà loin de nous, mon Dieu!

— Ce temps-là peut revenir pour toi, si tu le veux, chère petite sœur ; il te faut seulement avoir le courage de quitter Salvato.

— Oh! jamais! jamais! murmura Luisa en passant

ses bras autour du cou de Salvato. Vivre avec lui ou mourir avec lui !

— Je le sais bien, insista Michele ; certainement, vivre avec lui ou mourir avec lui, ce serait superbe ; mais qui te dit qu'en restant ici tu vivras avec lui, ou mourras avec lui ? Le désir que tu en as, l'espoir que ce désir te donne; mais, en supposant que tu restes, resteras-tu ici?

— Oh ! non ! s'écria Salvato, je l'emmène au Château-Neuf. Je sais bien que le château Saint-Elme vaudrait mieux; mais, après ce qui s'est passé entre Méjean et moi, je ne me fie plus à lui.

— Et que faites-vous après l'avoir conduite au Château-Neuf?

— Je me mets à la tête de mes Calabrais, et je combats.

— Donc, vous voyez, monsieur Salvato, que vous ne vivez pas avec elle, et que vous pouvez mourir loin d'elle.

— Vois, chère Luisa, dit Salvato ; les choses peuvent, en effet, arriver comme Michele le dit.

— Qu'importe que tu meures loin de moi ou près de moi, Salvato ? Toi mort, tu sais bien que je mourrai.

— Et as-tu le droit de mourir, répliqua Salvato

en anglais, maintenant que tu ne mourrais plus seule ?

— Oh ! mon ami ! mon ami ! murmura Luisa en cachant sa tête dans la poitrine de Salvato.

En ce moment, Giovannina entra, et, le sourire du mauvais ange sur les lèvres :

— Une lettre de M. André Backer pour madame, dit-elle.

Luisa tressaillit, comme si elle eût vu apparaître le fantôme de Backer lui-même.

Salvato la regarda avec étonnement.

Michele se releva et tourna ses regards vers la porte.

Le caissier Klagmann parut. Il était bien connu de la San-Felice : c'était lui qui, d'habitude, lui apportait les intérêts de l'argent qu'elle avait placé ou plutôt que le chevalier avait placé dans la maison Backer.

Il était porteur, non pas d'une lettre, mais de deux lettres pour Luisa.

Ces deux lettres devaient, sans doute, être lues chacune à son tour ; car le messager commença par en donner une à Luisa en lui faisant signe que, lorsqu'elle aurait lu la première, il lui donnerait a seconde.

Cette première était la circulaire imprimée adressée aux créanciers de la maison Backer.

Au fur et à mesure que Luisa avait lu le funèbre écrit, sa voix s'était altérée, et, à ces mots : *Par suite de la condamnation à mort des chefs de la maison,* le papier avait échappé à sa main tremblante et sa voix s'était éteinte.

Michele avait ramassé le papier, et, tandis que Luisa sanglotait contre la poitrine de Salvato, qui, de ses deux bras, la pressait sur son cœur, il l'avait lu tout haut jusqu'au bout.

Puis il s'était fait un grand et douloureux silence.

Ce silence, la voix du messager l'avait rompu le premier.

— Madame, dit-il, le papier que l'on vient de lire est la circulaire adressée à tous ; mais je suis, en outre, porteur d'une lettre de M. André Backer : cette lettre vous est personnellement adressée et contient ses dernières intentions.

Salvato desserra ses bras pour laisser Luisa lire l'espèce de testament qui lui était annoncé. Celle-ci étendit la main vers Klagmann, reçut la lettre ; mais, au lieu de la décacheter elle-même, elle la présenta à Salvato, en lui disant :

— Lisez.

Le premier mouvement de celui-ci fut de repousser doucement la lettre ; mais Luisa insista en disant :

— Ne voyez-vous pas, mon ami, que je suis hors d'état de lire moi-même?

Salvato décacheta la lettre, et, comme il était près de la cheminée, sur laquelle brûlaient les bougies d'un candélabre, il put, en continuant de presser Luisa contre son cœur, lire la lettre suivante :

« Madame,

» Si je connaissais une créature plus pure que vous, c'est elle que je chargerais de la sainte mission que je vous laisse en quittant la vie.

» Toutes nos dettes sont payées, notre liquidation faite ; il reste à notre maison une somme de quatre cent mille ducats, à peu près.

» Cette somme, mon père et moi la destinons à soulager les victimes de la guerre civile dans laquelle nous succombons, et cela, sans acception des principes que ces victimes professaient, ni des rangs dans lesquels elles seront tombées.

» Nous ne pouvons rien pour les morts, que prier pour eux nous-mêmes en mourant ; aussi ne sont-ce point les morts que nous désignons sous le nom de victimes ; mais nous pouvons quelque chose — et les victimes, à notre avis, les voilà — pour les enfants et les veuves de ceux qui, d'une façon quelconque, auront été frappés dans la lutte que nous voyons sous son vrai jour à cette heure seulement, et qui, nous le disons avec regret, est une lutte fratricide.

» Mais, pour que cette somme de quatre cent mille ducats soit répartie intelligemment, loyalement, impartialement, c'est entre vos mains bénies, madame, que nous la déposons; vous la répartirez, nous en sommes certains, selon le droit et l'équité.

» Cette dernière preuve de confiance et de respect vous prouve, madame, que nous descendons dans la tombe convaincus que vous n'êtes pour rien dans notre mort sanglante et prématurée, et que la fatalité a tout fait.

» J'espère que cette lettre pourra vous être remise ce soir, et que nous aurons, en mourant, la consolation de savoir que vous acceptez la mission qui a pour but de faire descendre la grâce du ciel sur notre maison et la bénédiction des malheureux sur notre tombe !

» Avec les mêmes sentiments que j'ai vécu, je meurs en me disant, madame, votre respectueux admirateur.

» André Backer. »

Tout au contraire de la première, cette seconde lettre sembla rendre des forces à Luisa. A mesure que Salvato, ne pouvant commander lui-même à son émotion, en faisait la lecture d'une voix tremblante, elle redressait radieusement sa tête courbée sous la crainte de l'anathème, et un sourire de triomphe rayonnait au milieu de ses larmes.

Elle s'avança vers la table, sur laquelle il y avait de l'encre, une plume et du papier et écrivit ces mots :

« J'allais partir, j'allais quitter Naples, lorsque je reçois votre lettre : pour remplir le devoir sacré qu'elle m'impose, je reste.

» Vous m'avez bien jugée, et à vous je dis, comme je dirai au Dieu devant qui vous allez paraître et devant qui peut-être je ne tarderai pas à vous suivre, — à vous je dis : Je suis innocente.

» Adieu !

» Votre amie en ce monde et dans l'autre, où, je l'espère, nous nous retrouverons.

» Luisa. »

Luisa tendit cette réponse à Salvato, qui la prit en souriant, et, sans la lire, la remit à Klagmann.

Le messager sortit et Michele après lui.

— Ainsi dit Nanno, tu restes?

— Je reste, répondit Luisa, dont le cœur ne demandait qu'un prétexte pour se décider en faveur de Salvato, et avait, sans s'en rendre compte peut-être, avidement saisi celui que lui offrait le condamné.

Nanno leva la main, et, d'un ton solennel :

— Vous qui aimez cette femme plus que votre vie et à l'égal de votre âme, dit-elle à Salvato, vous m'êtes témoin que j'ai fait tout ce que j'ai pu pour la sauver; vous m'êtes témoin que je l'ai éclairée sur le danger qu'elle courait, que je l'ai invitée à fuir, et que, contrairement aux ordres donnés par le destin à ceux à qui il révèle l'avenir, je lui ai offert mon appui matériel. Si cruel que soit le sort pour vous, ne maudissez pas la vieille Nanno, et dites, au contraire, qu'elle a fait tout ce qu'elle a pu pour vous sauver.

Et, glissant dans l'ombre, avec laquelle son costume sombre se confondait, elle disparut sans que ni l'un ni l'autre des deux jeunes gens songeassent à la retenir.

LXIII

LES AVANT-POSTES

Avant que Salvato et Luisa se fussent adressé une parole, Michele rentrait.

— Luisa, dit-il, sois tranquille; tout ce qui était un mystère pour les Backer, sera bientôt éclairci pour eux, et ils sauront quel est celui qu'ils doivent maudire comme leur dénonciateur. Il ne peut pas m'arriver pis que d'être pendu; eh bien, au moins, avant d'être pendu, je me serai confessé.

Les deux jeunes gens regardèrent Michele avec étonnement.

Mais lui :

— Nous n'avons pas de temps à perdre en explications, dit-il; la nuit s'avance, et vous savez ce qui nous reste à faire.

— Oui, tu as raison, répondit Salvato. Es-tu prête, Luisa?

— J'ai commandé une voiture pour onze heures, dit Luisa; elle doit être à la porte.

— Elle y est, dit Michele, je l'ai vue.

— C'est bien, Michele. Fais-y porter les quelques effets dont j'aurai besoin pendant mon séjour au Château-Neuf. Ils sont enfermés dans une malle. Moi, je vais donner quelques ordres à Giovannina.

Elle sonna, mais inutilement; la jeune fille ne vint pas.

Elle sonna une seconde fois; mais en vain son regard se fixa-t-il sur la porte par laquelle la servante devait entrer, la porte ne s'ouvrit point.

Luisa se leva et alla elle-même à la chambre de la jeune fille, pensant que peut-être elle était endormie.

La bougie brûlait sur sa table; auprès de la bougie était une lettre cachetée à l'adresse de Luisa.

Cette lettre était de l'écriture de Giovannina.

Luisa la prit et l'ouvrit.

Elle était conçue en ces termes :

« Signora.

» Si vous aviez quitté Naples, je vous eusse suivie partout où vous auriez été, pensant que mes services vous étaient nécessaires.

» Vous restez à Naples, où, entourée de gens qui vous aiment, vous n'avez plus besoin de moi.

» Je n'oserais au milieu des événements qui vont se passer, rester seule à la maison, et rien, pas même un dévouement dont vous n'avez pas besoin, ne me forçant à m'enfermer dans une forteresse où je ne serais pas libre de mes actions, je retourne chez mes parents.

» D'ailleurs, vous avez eu la bonté de régler mes comptes ce matin, et, dans les circonstances où nous sommes, j'ai dû regarder ce règlement comme un congé.

» Je vous quitte donc, signora, pleine de reconnaissance pour les bontés que vous avez eues pour moi, et si triste de cette séparation, que je m'impose le chagrin de ne point vous faire mes adieux, de peur du chagrin, plus grand encore, que j'éprouverais en vous les faisant.

» Croyez-moi, signora, votre très-humble, très-obéissante, très-dévouée servante,

» GIOVANNINA. »

Luisa frissonna en lisant cette lettre. Il y avait, malgré les protestations de dévouement et de fidélité qu'elle contenait, un étrange sentiment de froide haine semé de l'un à l'autre bout. On ne le voyait pas avec les yeux, c'est vrai; mais on l'apercevait avec l'intelligence, on le sentait avec le cœur.

Elle revint dans la salle à manger, où était resté Salvato, et lui remit la lettre.

Celui-ci la lut, haussa les épaules et murmura le mot « Vipère ! »

En ce moment, Michele rentra. Il n'avait pas trouvé la voiture à la porte et demandait s'il devait en aller chercher une autre.

Il n'y avait point à attendre son retour, c'était évidemment Giovannina qui l'avait prise pour partir.

Ce que Michele avait de mieux à faire, c'était de courir jusqu'à Pie-di-Grotta, où il avait une place de fiacres, et d'en ramener une autre.

— Mon ami, dit Luisa, laisse-moi profiter de ces quelques moments de retard qui nous sont imposés par le hasard pour faire une dernière visite à la duchesse Fusco et lui proposer une dernière fois de courir une même chance en la conduisant avec moi au Château-Neuf. Si elle reste, je lui recommanderai la maison qui va être complétement abandonnée.

— Va, mon enfant chéri, dit Salvato en l'embrassant au front, comme un père, en effet, eût fait à son enfant.

Luisa s'engagea dans le corridor, ouvrit la porte de communication et pénétra dans le salon.

Le salon, comme toujours, était plein de toutes les notabilités républicaines.

Malgré l'imminence du danger, malgré le hasard de l'événement, les visages étaient calmes. On sentait que tous ces hommes de progrès, qui s'étaient engagés par conviction dans la voie périlleuse, étaient prêts à la suivre jusqu'au bout, et, comme les vieux sénateurs de la République, à attendre la mort sur leurs chaises curules.

Luisa fit sa sensation ordinaire de beauté et d'intérêt; on se groupa autour d'elle. Chacun, dans ce moment suprême ayant un parti pris pour soi, demandait aux autres le parti qu'ils allaient prendre, espérant peut-être que celui-là était le meilleur.

La duchesse restait chez elle et y attendait les événements. Elle tenait prêt un costume de femme du peuple, sous lequel, en cas de danger imminent, elle comptait fuir. La fermière d'une de ses masseries lui tenait une retraite préparée.

Luisa la pria de veiller sur sa maison jusqu'au moment où elle-même quitterait la sienne, et lui annonça que Salvato, ne sachant point si, au milieu du combat, il aurait la possibilité de veiller sur elle, lui avait fait préparer une chambre au Château-Neuf, où elle restait sous la garde du gouverneur Massa, ami de Salvato.

C'était là, d'ailleurs, qu'à la dernière extrémité devaient se réfugier les patriotes, personne ne se fiant à l'hospitalité de Méjean, qui, on le savait, avait demandé cinq cent mille francs pour protéger Naples, et qui, pour cinq cent cinquante mille francs, était disposé à l'anéantir.

On disait même — ce qui, au reste, n'était point vrai — qu'il avait traité avec le cardinal Ruffo.

Luisa chercha des yeux Éléonore Pimentel, pour laquelle elle avait une grande admiration ; mais, un instant avant son entrée, Éléonore avait quitté le salon pour se rendre à son imprimerie.

Nicolino vint la saluer, tout fier de son bel uniforme de colonel de hussards, qui, le lendemain, devait être déchiqueté par les sabres ennemis.

Cirillo, qui, comme nous l'avons dit, faisait partie de l'Assemblée législative, laquelle s'était déclarée en permanence, vint l'embrasser. Il lui souhaita, non pas toute sorte de bonheurs, — dans la situation où l'on se trouvait, il y avait peu de bonheur à espérer, — mais la vie saine et sauve, et, lui posant la main sur la tête, il lui donna tout bas sa bénédiction.

La visite de Luisa était faite. Elle embrassa une dernière fois la duchesse Fusco : les deux femmes sentirent ensemble jaillir les larmes de leur cœur.

— Ah! murmura Luisa en voyant les larmes son amie se mêler aux siennes, nous ne devons plus nous revoir!

La duchesse Fusco leva son regard vers le ciel, comme pour lui dire : « Là-haut, on se retrouve toujours. »

Puis elle la reconduisit jusqu'à la porte de communication.

Là, elles se séparèrent, et, comme l'avait prophétisé Luisa, pour ne plus se revoir.

Salvato attendait Luisa, Michele avait amené une voiture. Les deux jeunes gens, les bras enlacés et sans avoir eu besoin de se communiquer leur idée, allèrent dire adieu à la *chambre heureuse*, comme ils l'appelaient; puis ils fermèrent les portes, dont Michele prit les clefs. Salvato et Luisa montèrent dans la voiture; Michele, malgré son bel uniforme, monta sur le siége, et le fiacre roula vers le Château-Neuf.

Quoiqu'il ne fût point encore tard, toutes les portes et toutes les fenêtres étaient fermées, et l'on sentait qu'une profonde terreur planait sur la ville : des hommes, de temps en temps, s'approchaient des maisons, stationnaient un instant et s'enfuyaient effarés

Salvato remarqua ces hommes, et, inquiet de ce qu'ils faisaient, dit à Michele, en ouvrant la vitre de devant, de tâcher de mettre la main sur un de ces coureurs nocturnes et de s'assurer de ce qu'ils faisaient.

En arrivant au palais Caramanico, l'on aperçut un de ces hommes ; sans que la voiture s'arrêtât Michele sauta à terre et bondit sur l'homme.

Il jetait un rouleau de cordes par le soupirail de la cave.

— Qui es-tu ? lui demanda Michele.

— Je suis le facchino du palais.

— Que fais-tu ?

— Vous le voyez bien. J'ai été chargé par le locataire duétage premier d'acheter vingt-cinq brasses de cordes et de les lui apporter ce soir. Je me suis attardé à boire au Marché-Vieux, et, en arrivant au palais, j'ai trouvé tout fermé : ne voulant pas réveiller le garde-poste, j'ai jeté le paquet dans la cave du palais par le soupirail : on les y trouvera demain.

Michele, ne voyant rien de bien répréhensible dans le fait, lâcha l'homme qu'il tenait au collet et qui, à peine libre, prit ses jambes à son cou et 'enfonça dans la strada del Pace.

Cette brusque fuite l'étonna.

Du palais Caramanico au Château-Neuf, tout le long de la Chiaïa et de la montée du Géant, il vit le même fait se repoduire. Deux fois, Michele essaya de s'emparer de ces rôdeurs chargés de quelque mission inconnue; mais, comme s'ils se fussent tenus sur leurs gardes, il n'en put venir à bout.

On arriva au Château-Neuf. Grâce au mot d'ordre, que connaissait Salvato, la voiture put entrer dans l'intérieur : elle passa devant l'arc de triomphe aragonais et s'arrêta devant la porte du gouverneur.

Il faisait une ronde de nuit sur les remparts : il rentra un quart d'heure après l'arrivée de Salvato.

Tous deux conduisirent Luisa à la chambre préparée pour elle : elle faisait suite aux appartements de madame Massa elle-même, et il était évident qu'on lui avait réservé la plus jolie et la plus commode des chambres.

Minuit sonnait : il était l'heure de se séparer. Luisa prit congé de son frère de lait, puis de Salvato, lesquels, par la même voiture qui les avait amenés, se firent conduire jusqu'au môle.

Là, ils trouvèrent aux mains du Calabrais les chevaux qu'ils avaient commandés, montèrent en selle, et, suivant la strada del Piliere, la rade, la Marine-Neuve et la Marinella, ils traversèrent le pont de la Madeleine et se lancèrent au galop sur la route de Portici.

La route était garnie de troupes républicaines,

échelonnées du pont de la Madeleine, premier poste extérieur, jusqu'au Granatello, poste le plus rapproché de l'ennemi, commandé, comme nous l'avon dit, par Schipani.

Tout le monde veillait sur le chemin. A tous les corps de garde, Salvato s'arrêtait, descendait de cheval, s'informait et donnait quelques instructions.

La première station qu'il fit fut au fort de Vigliana.

Ce petit fort s'élève au bord de la mer, à la droite du chemin qui va de Naples à Portici; il défend l'arrivée du pont de la Madeleine.

Salvato fut reçu avec des acclamations. Le fort de Vigliana était défendu par cent cinquante de ses Calabrais, sous le commandement d'un prêtre nommé Toscano.

Il était évident que c'était sur ce petit fort, qui défendait l'approche de Naples, que se porterait tout l'effort des sanfédistes; aussi la défense avait-elle été confiée à des hommes choisis.

Toscano fit voir à Salvato tous ses préparatifs de défense. Il comptait, lorsqu'il serait forcé, mettre le feu à ses poudres et se faire sauter, lui et ses hommes.

Au reste, Toscano ne comptait pas les prendre par surprise; tous étaient prévenus, tous avaient consenti à ce suprême sacrifice à la patrie, et le drapeau qui flottait au-dessus de la porte portait cette légende :

NOUS VENGER! VAINCRE OU MOURIR!

Salvato embrassa le digne curé, remonta à cheval aux cris de « Vive la République! » et continua son chemin.

A Portici, les républicains témoignèrent à Salvato de grandes inquiétudes. Ils avaient affaire à des populations rendues essentiellement royalistes par leurs intérêts. Ferdinand avait à Portici un palais où il passait l'automne; presque tout l'été, le duc de Calabre habitait le palais voisin de la Favorite. Ils ne pouvaient se fier à personne, se sentaient entourés de piéges et de trahisons. Comme aux jours de tremblement de terre, le sol semblait frissonner sous leurs pieds.

Il arriva au Granatello.

Avec sa confiance ou plutôt son imprudence accoutumée, Schipani dormait; Salvato le fit éveiller et lui demanda des nouvelles de l'ennemi.

Schipani lui répondit qu'il comptait être attaqué par lui le lendemain, et qu'il prenait des forces pour le bien recevoir.

Salvato lui demanda s'il ne tenait point quelques renseignements plus précis des espions qu'il avait dû envoyer. Le général républicain lui avoua qu'il n'avait envoyé aucun espion et que ces moyens déloyaux de faire la guerre lui répugnaient. Salvato s'informa s'il avait fait garder la route de Nola, où était le cardinal, et d'où, par les pentes du Vésuve, il pourrait faire filer des troupes sur Portici et sur Resina, pour lui couper la retraite. Il répondit que c'était à ceux de Resina et de Portici de prendre ces précautions, et que, quant à lui, s'il trouvait les sanfédistes sur son chemin, il passerait au milieu d'eux.

Cette manière de faire la guerre et de disposer de la vie des hommes faisait hausser les épaules à l'habile stratégiste, élevé à l'école des Championnet et des Macdonald. Il comprit qu'avec un homme comme Schipani, il n'y avait aucune observation à faire, et qu'il fallait tout abandonner au génie sauveur des peuples.

Voyons un peu ce que le cardinal, plus méticuleux que Schipani sur les moyens de se garder, faisait pendant ce temps.

A minuit, c'est-à-dire à l'heure où nous avons vu Salvato partir du Château-Neuf, le cardinal Ruffo, dans la chambre principale de l'évêché de Nola, assis devant une table, ayant près de lui son secrétaire

Sacchinelli et le marquis Malaspina, son aide de camp, recevait les nouvelles et donnait ses ordres.

Les courriers se succédaient avec une rapidité qui témoignait de l'activité que le général improvisé avait mise à organiser ses correspondances.

Lui-même décachetait toutes les lettres, de quelque part qu'elle vinssent, et dictait les réponses, tantôt à Sacchinelli, tantôt à Malaspina. Rarement répondait-il lui-même, excepté aux lettres secrètes, un tremblement nerveux rendant sa main inhabile à écrire.

Au moment où nous entrons dans la chambre où il attend les messagers, il a déjà reçu de l'évêque Ludovici l'annonce que Panedigrano et ses mille forçats doivent être arrivés à Bosco, dans la matinée du 12.

Il tient à la main une lettre du marquis de Curtis, qui lui annonce que le colonel Tchudy, voulant faire oublier sa conduite de Capoue, parti de Palerme avec quatre cents grenadiers et trois cents soldats formant une espèce de légion étrangère, doit être débarqué à Sorrente pour attaquer par terre le fort de Castellamare, tandis que le *Sea-Horse* et *la Minerve* l'attaqueront par mer.

Cette lettre lue, il se leva et alla consulter, sur une autre table, une grande carte qui y était déployée, et, debout, appuyé d'une main sur la table, il dicta à Sacchinelli les ordres suivants :

« Le colonel Tchudy suspendra, si elle est commencée, l'attaque du fort de Castellamare et se mettra immédiatement d'accord avec Sciarpa et Panedigrano pour attaquer l'armée de Schipani le 13 au matin.

» Tchudy et Sciarpa attaqueront de front, tandi que Panedigrano glissera sur les flancs et côtoiera la lave du Vésuve, de manière à dominer le chemin par lequel Schipani tentera de faire sa retraite.

» En outre, comme il est possible que, sachant l'arrivée du cardinal à Nola, le général républicain veuille se retirer sur Naples, dans la crainte que la retraite ne lui soit coupée, ils le pousseront vigoureusement devant eux.

» A la Favorite, le général républicain trouvera le cardinal Ruffo, qui aura contourné le Vésuve. Enveloppé de tout côté, Schipani sera forcé de se faire tuer ou de se rendre. »

Le cardinal fit faire une triple copie de cet ordre, signa chacune des copies et, par trois messagers, les expédia à ceux auxquels elles étaient adressées.

Ces ordres étaient à peine partis, que le cardinal, supposant quelqu'une de ces mille combinaisons qui font échouer les plans les mieux arrêtés, fit appeler de Cesare.

Au bout de cinq minutes, le jeune brigadier entrait tout armé et tout botté : la fiévreuse activité du cardinal gagnait tout ce qui l'entourait.

— Bravo, mon prince! lui dit Ruffo, qui parfois, en plaisantant, lui conservait ce titre. Êtes-vous prêt?

— Toujours, Éminence, répondit le jeune homme.

— Alors, prenez quatre bataillons d'infanterie de ligne, quatre pièces d'artillerie de campagne, dix compagnies de chasseurs calabrais et un escadron de cavalerie; longez le flanc septentrional du Vésuve, celui qui regarde la Madonna-del-Arco, et arrivez de nuit, s'il est possible, à Resina. Les habitants vous attendent, prévenus par moi, et tout prêts à s'insurger en notre faveur.

Puis, se tournant vers le marquis :

— Malaspina, lui dit-il, donnez au brigadier cet odre écrit et signez-le pour moi.

En ce moment, le chapelain du cardinal, entrant dans la chambre, s'approcha de lui et lui dit tout bas:

— Éminence, le capitaine Scipion Lamarra arrive de Naples et attend vos ordres dans la chambre à côté.

— Ah! enfin! dit le cardinal respirant avec plus de liberté qu'il n'avait fait jusqu'alors. J'avais peur qu'il ne lui fût arrivé malheur, à ce pauvre capitaine. Dites-lui que je suis à lui à l'instant même et faites-lui compagnie en m'attendant.

Le cardinal tira une bague de son doigt et l'appliqua sur les ordres qui étaient expédiés en son nom.

Ce Scipion Lamarra, dont le cardinal paraissait attendre l'arrivée avec tant d'impatience, était ce même messager par lequel la reine avait envoyé sa bannière au cardinal, et qu'elle lui avait recommandé comme bon à tout.

Il arrivait de Naples, où il avait été envoyé par le cardinal. Le but de cette mission était de s'aboucher avec un des principaux complices de la conspiration Backer, nommé Gennaro Tansano.

Gennaro Tansano faisait le patriote, était inscrit des premiers aux registres de tous les clubs républicains, mais dans le seul but d'être au courant de leurs délibérations, dont il donnait avis au cardinal Ruffo, avec lequel il était en correspondance.

Une partie des armes qui devaient servir lorsque éclaterait la conjuration Backer étaient en dépôt chez lui.

Les lazzaroni de Chiaïa, de Pie-di-Grotta, de Pouzzoles et des quartiers voisins étaient à sa disposition.

Aussi, comme on l'a vu, le cardinal attendait-il impatiemment sa réponse.

Il entra dans le cabinet où l'attendait Lamarra, déguisé en garde national républicain.

— Eh bien ? lui demanda-t-il en entrant.

— Eh bien, Votre Éminence, tout va au gré de nos désirs. Tansano passe toujours pour un des meilleurs patriotes de Naples, et personne n'a l'idée de le soupçonner.

— Mais a-t-il fait ce que j'ai dit?

— Il l'a fait, oui, Votre Éminence.

— C'est-à-dire qu'il a fait jeter des cordes dans les soupiraux des maisons des principaux patriotes.

— Oui; il eût bien voulu savoir dans quel but; mais, comme je l'ignorais moi-même, je n'ai pu le renseigner là-dessus. N'importe; l'ordre venant de Votre Éminence, il a été exécuté de point en point.

— Vous en êtes sûr?

— J'ai vu les lazzaroni à l'œuvre.

— Ne vous a-t-il pas remis un paquet pour moi?

— Si fait, Éminence, et le voici enveloppé d'une toile cirée.

— Donnez.

Le cardinal coupa avec un canif les bandelettes qui tenaient le paquet fermé, et tira de son enveloppe une grande bannière, où il était représenté à genoux devant saint Antoine, suppliant le saint, tandis que celui-ci lui montre ses deux mains pleines de cordes.

— C'est bien cela, dit le cardinal enchanté. Maintenant, il me faut un homme qui puisse répandre dans Naples le bruit du miracle.

Pendant un instant, il demeura pensif, se demandant quel était l'homme qui pouvait lui rendre ce service.

Tout à coup, il se frappa le front.

— Que l'on me fasse venir fra Pacifico, dit-il.

On appela fra Pacifico, qui entra dans le cabinet, où il resta une demi-heure enfermé avec Son Éminence.

Après quoi, on le vit aller à l'écurie, en tirer Giaccobino et prendre avec lui la route de Naples.

Quant au cardinal, il rentra dans le salon, expédia encore quelques ordres et se jeta tout habillé sur son lit, recommandant qu'on le réveillât au point du jour.

Au point du jour, le cardinal fut réveillé. Un autel avait été dressé pendant la nuit au milieu du camp sanfédiste, placé en dehors de Nola. Le cardinal, vêtu de la pourpre, y dit la messe en l'honneur de saint Antoine, qu'il comptait substituer dans la protection de la ville à saint Janvier, qui, ayant fait deux fois son miracle en faveur des Français, avait été déclaré jacobin et dégradé par le roi de son titre de commandant général des troupes napolitaines.

Le cardinal avait longtemps cherché, saint Janvier dégradé, à qui pouvait échoir sa succession, et s'était enfin arrêté à saint Antoine de Padoue.

Pourquoi pas à saint Antoine le Grand qui, si l'on scrute sa vie, méritait bien autrement cet honneur que saint Antoine de Padoue? Mais sans doute le cardinal craignait-il que la légende de ses tentations popularisées par Callot, jointe au singulier compagnon qu'il s'était choisi, ne nuisissent à sa dignité.

Saint Antoine de Padoue, plus moderne que son homonyme de mille ans, obtint, quel qu'en soit le motif, la préférence et ce fut à lui qu'au moment de combattre, le cardinal jugea à propos de remettre la sainte cause.

La messe dite, le cardinal monta à cheval avec sa robe de pourpre et se plaça à la tête du principal corps.

L'armée sanfédiste était séparée en trois divisions.

L'une descendait par Capodichino pour attaquer la porte Capuana.

L'autre contournait la base du Vésuve par le versant nord.

La troisième faisait même route par le versant méridional.

Pendant ce temps, Tchudy, Sciarpa et Panedigrano attaquaient ou devaient attaquer Schipani de face.

Le 15 juin, vers huit heures du matin, on vit, du haut du fort Saint-Elme, apparaître et s'avancer l'armée sanfédiste soulevant autour d'elle un nuage de poussière.

Immédiatement, les trois coups de canon d'alarme furent tirés du Château-Neuf, et les rues de Naples devinrent, en un instant, solitaires comme celles de Thèbes, muettes comme celle de Pompéi.

Le moment suprême était arrivé, moment solennel et terrible quand il s'agit de l'existence d'un homme, bien autrement solennel et bien autrement terrible quand il s'agit de la vie ou de la mort d'une ville.

FIN DU TOME TROISIÈME

TABLE

XLIII.	— Aigle et vautour.............	1
XLIV.	— L'accusé...................	14
XLV.	— L'armée de la sainte foi........	25
XLVI.	— Les petits cadeaux entretiennent l'amitié.	45
XLVII.	— Ettore Caraffa...............	62
XLVIII.	— Schipani...................	80
XLIX.	— De cadeau de la reine..........	104
L.	— Le commencement de la fin......	121
LI.	— La fête de la Fraternité.........	134
LII.	— Hommes et loups de mer........	145
LIII.	— Le rebelle..................	164
LIV.	— De quels éléments se composait l'armée catholique de la sainte foi........	174
LV.	— Correspondance royale..........	185
LVI.	— La monnaie russe.............	203
LVII.	— Les dernières heures...........	212
LVIII.	— Où un honnête homme propose une mauvaise action que d'honnête gens ont la bêtise de refuser..................	221
LIX.	— La Marseillaise napolitaine.......	232
LX.	— Où Simon Backer demande une faveur...	244
LXI.	— La liquidation................	261
LXII.	— Un dernier avertissement........	281
LXIII.	— Les avant-postes	299

Poissy. — Typ. S. Lejay et Cie.

www.ingramcontent.com/pod-product-compliance
Lightning Source LLC
Chambersburg PA
CBHW060407170426
43199CB00013B/2045